中学入試
超良問で学ぶ
ニッポンの課題

おおたとしまさ 編著
教育ジャーナリスト

蟹江憲史／山本 祐 監修
慶應義塾大学教授　プロ家庭教師

782
中公新書ラクレ

はじめに

本書は、中学入試の社会科の問題を入口にして、現在の日本社会が抱える課題について考えようという大人向けの本です。

中学入試問題は「最初の授業」といわれています。その学校の社会科の先生が、いま子どもたちにいちばん考えてほしいテーマを選んで、オリジナルの問題文を執筆します。「いまの社会のここがおかしい。ここを変えていかなきゃいけない。そのためにはどんな方法があるか?」という問題意識が込められています。

騙されたと思ってちょっとページをめくっていただければすぐにわかると思いますが、その問題文が力作ぞろいなのです。

たとえば1章の問題文のテーマは外国人労働者です。小学生の子どもでもよく利用するコンビニのシーンから文章は始まり、日本が東アジアで植民地支配を行っていたころの歴史を遡り、その経緯から、さまざまな立場の外国にルーツをもつ人々が日本社会のなかに溶け込んで暮らしていることを解説してくれます。その時点で、「へー、そういうことだったんだ！」と大人でも無知を思い知らされます。

そのうえで、日本政府の難民政策について批判的に、「政府の都合でその制度が二転三転していることは事実です」とまで言い切ります。検定教科書ではきっと書けないことです。「ある作家が『われわれは労働力を呼んだが、やって来たのは人間だった』という言葉を残していますが、これは今の日本がかかえる問題をよくあらわした言葉ではないでしょうか」という一文で問題文が締めくくられ、そこに関連して、「日本に働きに来た外国人とその家族の人権を守るためには、どのような政策や活動が必要だと考えられますか。君が考える政策や活動の内容とそれが必要である理由を、80〜100字で説明しなさい」と求めます。

自分の考えを書かせるわけですから、あらかじめ決められた「正解」なんてありません。知識の暗記では到底太刀打ちできません。その場で、誠意を込めて自分の考えを書くしかありません。

先生が思いの丈をぶつけた文章に、受験生が誠心誠意応えるわけです。この点で、中学入試問題は、学校からのラブレターともいわれています。

国語も算数も理科も同様です。でも、著作権のからみで、国語の入試問題を転載するのは難しい。算数の問題の解説にはどうしても数式が必要だったりして、読みづらい。理科も、計算が必要だったり、一般的な大人が日常的に使うことの少ない知識が出てきたりするので、読み物としてはどうしてもとっつきにくくなってしまう。

だけれども、社会科の問題なら、ごくありふれた社会生活を営む一般的な大人にもなじみのあるテーマがなじみのある語句で論じられていますから、読み物として読みやすい。それで、社会科の問題に限って、本書を構成しました。

ただし、私は中学入試問題の専門家ではありません。そこで頼もしい助っ人をお願いしました。プロ家庭教師で中学入試社会科時事問題の専門家でもある山本祐さんです。

私とは旧知の仲で、中学受験の現場感を知りたいときに私はよく彼に取材させてもらいますし、実は私のこれまでの著作にもたびたび登場しています。いわゆるカリスマ家庭教師ですが、これまであまり積極的にメディア露出はしていませんでした。今回は無理を言って引っ張りだし、全面協力してもらいました。

２０２２年度の首都圏の主要な私立中学の入試問題（入試が複数回ある場合には第１回）に

すべて目を通してもらい、似たようなテーマが重ならないようにという点だけ気をつけながら、彼の目で良問を選んでもらいました。問題文自体が読み物として優れている問題もあれば、受験生に考えさせる設問の着眼点が優れている問題もあります。

そのうえで、山本さんに入試問題としての解説をお願いしました。ただし、今回は大人に読んでもらうことを前提に、小学生向けの授業では触れないようなプラスαの知識や背景文脈まで解説してもらい、さらに、小学生の指導よりも深い考察をしてもらっています。それを私が文章としてまとめました。

山本さんは、「本書に登場する問題文は、国語の評論文として出題されてもおかしくないクオリティー。社会科でこのような文章を読ませて、自分の考えを述べさせているから、国語の入試では物語文だけを扱うのが伝統になっているのではないかと思われる学校もある」と言います。

実際の問題を見てもらえばわかると思いますが、社会科の問題といいながら、算数的な技能、理科的な知識、国語的な読解力や表現力を求める問題が多数含まれています。

巷の教育改革議論では「教科横断型の授業を」などの訴えをよく聞きますが、「四教科型」に見える中学入試においてさえ、教科の枠組みを超えた出題は何十年も前から当たり前なのです。入試がそうだということは、入学したあとの授業も同様です。

しかも、「あなたの考え」を書かせる問題の多さにも驚くでしょう。正解のない世の中において、自分なりの考えを記述するのも、中学入試では当たり前です。

「記述」といえば、2020年度の大学入試改革で、センター試験の後継である大学入学共通テストの国語において、記述式問題を入れるの入れないのですったもんだがあったことを記憶しているひとも多いでしょう。

でもあのときに検討された記述問題の文字数は、たかだか30字以内、40字以内、80～120字程度のものでした。本書に掲載されている社会科の記述問題に正答できる子どもたちなら楽勝です。

中学入試の問題はそれくらいハイレベルなのです。

でもせっかく大人が読んでくれるのなら、もっと現実的に、これらの問題について考えてほしい。できればアクションにつなげてほしい。

そこで、もう一人、頼もしい助っ人に力を借りました。慶應義塾大学大学院政策・メディア研究科教授で、国連持続可能な開発会議（リオ＋20）の日本政府代表団顧問をはじめ、日本政府SDGs推進円卓会議委員などの役職を務める蟹江憲史《のりちか》さんです。「SDGsの第一人者」として知られています。

ときにSDGsとは何か。蟹江さんの著書から引用します。

「SDGsは未来の世界のかたちだ」

と答えることにしている。

2015年9月の国連総会で、国連加盟の193ヵ国すべてが賛同した国際目標がSDGs（Sustainable Development Goals）である。日本語では「持続可能な開発目標」と訳されることが多いが、筆者自身は、「持続可能な成長目標」とか、「持続可能な発展目標」と訳したほうが、日本人には受け入れられやすいのではないかと考えている。今だけ成長して未来に経済的・社会的・環境的な負債を残すのではなく、持続的に成長していく。しかも、経済成長だけではなく、社会的な意味で、たとえば皆が幸福度を上げられるような成長であったり、環境面から、いつまでも豊かな自然環境が人間生活を支えてくれているような成長であったりする。そんな総合力のある成長目標が、SDGsである。

言い換えると、このSDGsには、この先もずっとこの地球上に住み続け、人類が繁栄していくために、日本と世界がやらなければいけないことが詰まっている。その意味では、より正確には、「未来の世界の骨格」である。最低限のかたちが描かれているのがSDGsであり、そこにどのような肉付けをするかは、人類一人ひとりが考え、決めていくことになる。

（『SDGs〔持続可能な開発目標〕』中公新書、2020年）

SDGsには17のゴール（目標）と169のターゲット（狙い）があります。これに国連加盟国すべてが賛同しています。世界共通の課題認識ともいえます。これと照らし合わせることで、中学入試の各問題が扱うテーマの守備範囲を確認することができます。

SDGsは2030年までに達成すべき目標です。2022年に12歳だった子どもたちがちょうど20歳になる年です。それまでに、我々大人が、これを達成しなければいけないということです。

「12歳なのに難しい問題に取り組んでいるね」なんて他人事のようにいっている場合ではありません。彼らにとってはペーパーテストでも、我々大人にとってこれらの問題は、なんとしても解決しなければならない切実な社会課題なのです。

というわけで、「これらの入試問題は、大人にとっての現実問題なんですよ」というメッセージを本書に込めるために、蟹江さんにＳＤＧｓの観点から各入試問題を解説してもらいました。

「最近会社でもやたらとＳＤＧｓって言われるけど、何をすればいいの？」というひとは、ぜひ本書のなかから自分なりの課題を見つけて取り組むようにしてください。

たとえば、８章の問題にはアフリカでの児童労働の話が出てきます。日本の子どもたちの大好きなチョコレートが、実は同世代のアフリカの子どもたちへの人権侵害によってつくられているという現実があります。

強制労働させられている子どもたちを直接的に救い出すことはできなくても、フェアトレード（公正な貿易）で輸入されたカカオを使用した商品を選んで買うことで間接的に児童労働を減らしていくことは、日本にいながらでもできるはずです。

実際、２０２２年の９月には、日本のスーパーやコンビニで人気の「ブラックサンダー」という比較的安価な価格帯のチョコレートをつくっているメーカーが、児童を労働力として使わずに生産されたカカオだけを使用して従来通りの商品をつくると発表しました。

巻末に、ＳＤＧｓの全文を掲載しているので、ぜひそこにも一通り目を通して、普段の生活のなかで自分たちにできることを考えるきっかけにしてほしいと思います。

ほら、すごいでしょう！　中学入試問題が地球を救うかもしれないのです。

おおたとしまさ

目次

図表作成・本文DTP／市川真樹子

中学入試　超良問で学ぶニッポンの課題

〈編集部注〉

○入試問題を転載するにあたり、横組を縦組にしています。本書でとりあげる設問に関係のない下線を削除したり、空欄には解答を埋めたりするなど、読者の便宜を考えて一部改変を施しました。ただし、「下線」などの表記は原文の通りにしています。

1章

人権軽視の政府に
黙っていていいのか？

問題

◆次の文章を読み、あとの問いに答えなさい。

日本人と外国人の区分け

「コンビニエンスストアの店員さんって外国人が多いなあ」と思ったことはありませんか。街を見わたしてみましょう。ラーメン屋さんや牛丼《ぎゅうどん》屋さんでも外国人が働いています。実はみなさんが生まれたころと比べると、日本で働いている外国人は倍以上に増えているのです。ところで「外国人」とはどういう人を指すのでしょうか。

「国籍法《こくせきほう》」という法律によると、両親のうち少なくともどちらかが日本国籍を持っていれば日本人として登録されます。また希望して日本国籍を取得した人も日本人です。そして日本国籍を持たない人が外国人です。肌《はだ》の色や日本語を話すことができるかは関係ありません。

外国人が日本に入国するとき、法律にもとづいて入国の審査《しんさ》がおこなわれ、滞在《たいざい》の許可がおります。観光ではなく中長期にわたって滞在する外国人には、「在留カード」という身分証

表1　中長期滞在の外国人の区分け

特別永住者	在日韓国《かんこく》・朝鮮《ちょうせん》人など
永住者	日本政府から永住許可がおりた人
定住者	日本政府から一定期間の日本滞在許可がおりた人（住み続ける場合は定期的な更新《こうしん》手続きが必要）
資格別の在留者	日本政府から技能実習、特定技能、研究、留学、研修などの資格での滞在許可がおりた人
難民	自国での迫害《はくがい》を逃《のが》れて来た人のうち日本政府が認定した人

「出入国管理法及び難民認定法」より作成

明書が発行され、それをいつも持っていることが義務づけられています。次の表1を見てください。「出入国管理法及《およ》び難民認定《にんてい》法」という法律によると、中長期にわたって日本に滞在する外国人はこのように区分けされています。このような区分けができたことには、日本が歩んだ経済や外交の歴史が大きくかかわっています。時代をおってみながら、日本の外国人受け入れの問題について考えてみたいと思います。

植民地支配と特別永住者
（1890年代〜1950年代前半）

表1の特別永住者という立場がつくられたことは、日本がおこなった植民地支配や太平洋戦争とその後の混乱と関係しています。日本は日清《にっしん》戦争の後に台湾を植民地とし、続いて1910年に朝鮮半島を植民地と

しました。植民地にいた人は「日本人」として登録され、仕事をするために日本列島に移り住んだ人も多くいました。戦後、日本はアメリカ合衆国《がっしゅうこく》（以下、アメリカ）を中心とする連合国軍の占領《せんりょう》下で植民地を手ばなし、これらの人びとのあつかいはあいまいになりました。1951年に日本がサンフランシスコ平和条約を結び、独立国としての立場を回復する一方で、朝鮮戦争などの混乱が生じたこともあり、その後の国籍登録の問題はより複雑になりました。数十年にわたって日本でくらした人や、日本で生まれた人は、日本での生活を簡単に捨てられません。結果として特別に日本に住むことを認められた外国人という立場をつくることになりました。これが特別永住者です。特別永住者として登録されている人は、何世代にもわたって日本でくらしているものの、日本国籍を持っている人とまったく同じ権利があるわけではありません。

経済成長と外国人労働者（1950年代後半〜1990年代）

日本は1950年代後半から1960年代にかけて、高度経済成長の時期をむかえました。高度経済成長期には、外国人労働者は多くありませんでしたが、その後、少しずつ日本で働く人も増えていきました。

1980年代後半から1990年代にかけて**イラン**という国から日本に来る人が増えました。当時のイランは革命や戦争による混乱が深刻でした。日本はイランから観光目的で来る人の入国審査を厳しくしていなかったので、生活ができなくなったイランの人たちは観光目的で来てそのまま働くようになりました。ちょうどそのころ、日本は好景気で、都市部を中心に労働力が不足したので、このような人が不法滞在者だとわかっていても雇《やと》う企業《きぎょう》があったのです。不法滞在者の増加を受け、日本政府は外国人労働者全体の取りしまりを強化するとともに、10年以上日本でくらした外国人には永住資格をあたえることにしました。これが永住者です。

同じく1980年代から1990年代にかけ、不足する労働力を補う存在として注目されたのが「日系人」と呼ばれる人たちで、日本政府はこれらの人たちの入国基準をゆるめました。日系人とは、日本から海外に移民として渡り、その国の国籍を得た人や、その子孫を指します。戦前、日本政府は海外に移民を積極的に送り出しました。日本から**ブラジル**への移民も急増し、現地で生まれ育った人も増えていきました。最も急増した時期に渡った人たちの孫は現在、40歳《さい》前後の年齢《ねんれい》になっています。現地で生まれ育った人は日系ブラジル人と呼ばれています。日本政府が日系ブラジル人の入国基準をゆるめたころ、ブラジルでは貧困《ひんこん》や治安の悪さが深刻な課題でした。そのため、おじいさんやおばあさんの故郷で働くことに明るい未来を期待した人たちも少なくありませんでした。こうして日本にやって来た日系人には、10年以上くらしているという条件をみたしていなくても、定住の許可があたえられました。これが定住者です。

永住者も定住者も日本の労働力不足を背景に制度がととのえられていった結果つくられたものでした。

日本の難民政策（1970年代〜1990年代）

永住者や定住者として登録されるような外国人労働者が日本で増え始めたころ、もう一つ、別の立場の外国人が日本にやってきました。これが難民です。政治的な混乱などで自分の国でくらすことが危険になり、やむなく国外に逃《に》げた人を難民といいます。みなさんも「同時多発テロ事件」後のアメリカが、アフガニスタンという国を空爆《くうばく》し、周辺国へ多くの人が逃れて難民となったことを知っているでしょう。

日本が難民を受け入れたきっかけはベトナム戦争が終わった1970年代後半でした。東南アジアの一部の国では政治が混乱し、身の危険を感じた人たちが助けをもとめて国外に逃げたのです。この人たちをインドシナ難民といいます。このとき日本は国際的な圧力もあり、インドシナ難民を受け入れました。その後１９８１年に、国際社会で定められていた難民に関する条約を日本も結びました。難民として認定されれば、基本的には定住者と同じような資格があたえられます。ただし、条約を結んでからのキ日本政府の難民に対する姿勢は消極的です。

労働力不足の中で（２０００年代以降）

表１には、資格別に在留許可がおりた人たちについても示されていますが、ここではとくに技能実習と特定技能という資格に注目してみましょう。２０００年代以降、日本の労働力不足はより深刻になり、不景気のために安い賃金で働く労働力を求める声が大きくなりました。しかし、外国人の移住が増えることに慎重《しんちょう》な姿勢をとってきた日本政府は、外国人労働者を積極的に受け入れるとは言いませんでした。そこで考え出されたのが技能実習という資格でした。日本で仕事の技能を身につけて、自分の国に帰ったときにいかしてもらおうという国際貢献《こうけん》の名目で外国人労働者の受け入れが広がりました。しかし、実態は短期の低賃金労働でした。滞在期間も最長で５年までに制限され、家族を日本に呼ぶこともできません

でした。

2018年、特定技能という資格がつくられて、滞在期間がのび、働くことができる仕事の種類は多様化しました。仕事によっては、技能実習で来た人も特定技能に切りかえて滞在を更新することができるようになりました。一見、日本で働きたい外国人にとってはよい方向に変わったように見えますが、これも日本の都合であることにかわりはありません。また、難民についても、申請《しんせい》中の人が働くことを認める制度ができたかと思うと、数年後には廃止《はいし》され、政府の都合でその制度が二転三転していることは事実です。難民として保護を求めた人たちにとって困難な状況《じょうきょう》が続いています。

このような状況で働く外国人労働者の問題は深刻です。とくに、日本人があまり希望しない安い賃金の仕事は外国人労働者でまかなえばよい、という考え方は問題でしょう。また、日本で働く以上、日本語の習得が必要になりますが、日本語を学ぶために借金をすることが多く、その借金を返さなければならないので途中《とちゅう》で帰国することはできません。ましてや、難民認定を申請している最中の人は仕事をすることもできず、日本語を学ぶ機会もなく、強制送還《そうかん》されてしまうかもしれないという不安の中での生活を強いられています。

外国人と日本社会

外国人が移住することに消極的だった日本ですが、気がつけば今の日本には多くの外国人が住んでいます。「コンビニエンスストアは24時間営業していてもらいたい」「お弁当は安いほうがいい」「宅配便は決まった時間にきちんと届けてもらいたい」「新聞は毎朝毎夕決まった時間に配達してほしい」など、当たり前のように考えている便利な生活のために、外国人労働者の存在は欠かせません。しかし、日本人は、日本にやって来た外国人と対等な関係をつくることができているのでしょうか。外国人の権利が日本でどれほど保障されているのでしょうか。

特別永住者が日本人と同じ権利を持っていないことを知らない人も多くいます。また、永住者、定住者、特定技能、難民などの立場の人をきちんと移民としてむかえることには、治安の悪化などを理由に根強い抵抗《ていこう》があります。そのため、日本でくらしていくためのサポートは二の次になっていました。こうした人たちのサポートは今でもボランティアに頼（たよ）っている部分が大きく、その問題点も指摘（してき）されているのです。日本で生まれた外国人の子どもたちも増え、日本で亡《な》くなる外国人も増えています。にもかかわらず、外国にルーツを持つだけで差別されたり、被害《ひがい》にあう事件が起きたりするなど、外国人がくらしやすい社会とはほど遠いのが現状です。人間は機械ではありません。サある作家が「われわれは労働力を呼んだが、やって来たのは人間だった」という言葉を残していますが、これは今の日本がかかえる問題をよくあらわした言葉ではないでしょうか。

問9　下線部キについて。難民の地位に関する条約（通称《つうしょう》「難民条約」）をまとめると、難民とは次のように定義されており、条約を結んだ国には難民を保護することが求められています。

人種、宗教、国籍や政治的な意見を理由に迫害を受けるおそれがあるために他国に逃げた人で、迫害を受ける以外の理由で逮捕《たいほ》されるような犯罪をおかしていない人

しかし、日本に逃げて来た人たちの難民審査は厳しく、問題視されています。次にあげる資料1は審査のときにきかれる質問内容の一部です。日本政府がこのような質問をすることは、難民を保護するという点から見たときにどのような問題があると考えられますか。質問3～5から1つを選び、その質問の問題点を説明しなさい。

資料1　難民審査のときにきかれる質問の内容

1　迫害のおそれを感じたのはいつからですか。根拠《こんきょ》を具体的に答えてください。
2　あなたが帰国すると、どのようなことになるか、具体的に答えてください。
3　あなたが国にいたとき、上記の理由、その他の理由で逮捕されたり、その他身体の自由をうばわれたり暴行などを受けたことがありますか。
4　あなたは、あなたの国に敵対する組織に属したり、敵対する意見を表明したりすることはありますか。
5　現在、生活費用は何によってまかなっていますか。
6　もともと住んでいた国に日本から送金をしたことがありますか。

問11　下線部ケについて。特定技能という制度によって外国人労働者の滞在期間をのばすことができるようになりました。この制度ができた理由の一つには、企業が新しい外国人労働者を招くよりも、すでに働いている人の滞在期間の延長を希望したことがあげられます。

次にあげる資料2は、特定技能の対象になった仕事の一部です。企業が滞在期間の延長を希望したのはなぜだと考えられますか。これらの仕事の特徴《とくちょう》を参考にしながら説明しなさい。

資料2　特定技能の対象になった仕事の一部

大工などの建設業	高齢者施設《しせつ》などでの介護《かいご》
医療《いりょう》・福祉《ふくし》施設向けの食事の調理	自動車整備

問12　下線部コについて。日本政府が正式に移民を受け入れようとせず、行政が外国人の支《し》援《えん》をおこなわないと、日本に不慣れな外国人の支援はボランティアの人たちに依存《いぞん》することになります。その場合、外国人の支援活動にはどのような不都合が生じると考えられますか。2つあげて説明しなさい。

問13　下線部サについて。日本に働きに来た外国人とその家族の人権を守るためには、どのような政策や活動が必要だと考えられますか。君が考える政策や活動の内容とそれが必要である理由を、80〜100字で説明しなさい。なお、句読点も1字分とします。

［麻布中学校］

【解　説】

日本で外国人の権利は守られているのか？

大人でも「**特別永住者**」「**永住者**」「**定住者**」「**資格別の在留者**」「**難民**」という言葉の定義の違いを説明できるひとは少ないのではないでしょうか。問題文ではまず、歴史を踏まえながらそれらを一つずつ丁寧に説明していきます。事前の知識は不要です。そこを読むだけで、私たち大人ですら、いかに日本に暮らす外国人の置かれた立場について無知であるかを思い知らされます。

問題文の終盤では、「一見、日本で働きたい外国人にとってはよい方向に変わったように見えますが、これも日本の都合であることにかわりはありません」や「政府の都合でその制度が二転三転していることは事実です」などと、現在の日本政府のやり方に対して批判的な論を展開します。これがもし教科書に書かれていたら物議を醸すのではないでしょうか。

一般的な教科書の中に書いてあることを覚えて答えさせる問題ではないことが明らかです。

そして「日本人は、日本にやって来た外国人と対等な関係をつくることができているのでしょうか」「外国人の権利が日本でどれほど保障されているのでしょうか」と問いかけます。これが問題文を通して、受験生たちに伝えたいメッセージの核の部分でしょう。

最後の一文にある「われわれは労働力を呼んだが、やって来たのは人間だった」は有名なフレーズです。でも、これを誰が言ったかはあまり知られていません。「ある作家」とは、スイス人の小説家・マックス・フリッシュです。スイスにおけるイタリア人労働者問題を取りあげた1965年のエッセイの書き出しだといわれています。

全員を学校に迎え入れることはできないけれど、せっかく入試を受けに来てくれた受験生たちが、せめてこの一文だけでも心に刻んで帰ってくれたらうれしいという出題者の思いが伝わってきます。

麻布の社会科の入試問題は、この形がある意味で伝統になっています。社会科でこれだけ主張のハッキリした論述文を読ませるので、国語では、説明文が出題されることがほとんどなく、物語文中心の出題形式になっているのだろうと推測できます。4教科に分かれてテストを行いますが、実際には4教科すべてでバランス良く総合的な学力を見ようとしているのです。

ちなみに、2022年度から高校で始まった新しい学習指導要領では、「高校国語史上最大の方針転換」ともいわれる方針転換が行われています。ある教材出版会社の編集者は「現代文・古文・漢文といった従来の教材のジャンルが解体され、教養的科目と実社会との関わりを意識した科目の2系統に分かれたと考えてよい」と言っています。

特に、「現代の国語」の教科書には小説や詩歌などフィクションの掲載が許されておらず、ほぼ論理的な文章や実用的な文章のみで構成されます。教育現場からは「文学軽視」「学校教科書から文学教材が消える」などの批判の声も上がっています。「論理的な文章を論理的に読み解く訓練は国語でなくてもできる」という声もありました。この社会科の中学入試問題を見れば、「たしかにそうだ」と誰もが思うのではないでしょうか。

ウィシュマさんの死で注目された入管の非道

この問題文に対して問1〜13が設定されています。その中からここでは問9と問11〜13に着目します。

特に問9は、入試の直後にネットで大きな話題になりました。**難民申請**を行った外国人に対して尋ねる質問例が6つ列挙されています。そのうちの3つの質問の中から1つを選んで、その質問をすること自体がはらむ問題点を記述させる問題です。つまり、実際に日本政府が行っている難民審査の手続きに対する批判を、解答用紙に書かせるのです。

ネットでは問題文を踏まえずに、問9の設問だけが出回ったので、どう解答すればいいのか途方に暮れたひとも多かったのではないかと思います。しかし、問題文の主張を踏まえたうえで、12歳の子どもの素直な視点に立って答えようとすれば、道筋が見えてきます。

命からがら祖国を逃れたひとに生活費用を得る手段を聞くことに何の意味があるのでしょうか。それは単なる興味から出る質問ではないか。「5」に対してはそう感じるのが当然の感覚ではないでしょうか。そもそも難民であるかどうかを審査するのに、どうやってお金を得ているかなんて関係ないという論理で対抗することも可能です。

設問文には難民の定義として、「政治的な意見を理由に迫害を受けるおそれがあるため」という条件も与えられています。そのような状況にあるひとに対して「4」のように、「敵対する意見を表明したりすることはありますか」と改めて聞くことは、病院で痛みを訴える患者に「痛いですか？」と聞くくらいにナンセンスだと感じますよね。難民も、日本人と同じように人権が守られなければいけないという観点からすれば、「4」の問いは、基本的人権の一部として守られるべき精神の自由を侵害する可能性のある質問とも考えられます。

「3」の問いから連想するのは、ストーカー被害です。「警察は事件が起こってからでないと動けない」とよく言われますが、ことが起きてからでは遅いのです。設問文で与えられている難民の定義にあるように、審査では迫害のおそれがあるかどうかが評価されるべきであって、具体的に迫害を受けた経験があるかどうかは関係がありません。もし実際にひどい迫害を受けたことがあるひとにこのような質問をすれば、嫌な経験を思い出させ、心理的に大きな負担を強いることになるかもしれません。

たくさんの解答の仕方があることがわかるでしょう。これを12歳でも書ける端的な文章で表現すれば、出題者の意図に沿った答えになるでしょう。

それにしても、日本の難民審査でこのようなナンセンスなことがくり返されていたのかと思うと、強い憤りを感じるとともに、それをいままで知らなかった自分の無知にも怒りが湧いてきます。

難民支援協会によれば、現在世界では約8930万人が故郷を追われています。2021年、日本では2413人が難民申請を行い、認定されたのはたった74人でした。一方で、1万928人が不認定とされています（申請後、難民認定の結果が出るまで数年かかることから、申請数と認定・不認定の人数との合計に相違が出ます。審査請求〔不服申立て〕での不認定件数を含みます)。難民支援協会は「日本では、難民認定の実務を出入国在留管理庁が担っており、難民を『保護する(助ける)』というよりは、『管理する(取り締まる)』という視点が強いといえます」と指摘しています。

2021年3月、出入国在留管理庁(通称、入管)の名古屋の収容施設で、スリランカ人のウィシュマ・サンダマリさんが33歳の若さで亡くなりました。ウィシュマさんが名古屋入管であまりに非人道的な扱いを受けていた事実が次々に明るみに出て、日本の難民政策に国の内外から大きな批判が寄せられました。この設問も、そういう問題意識からつくられたものだと推測できます。

私たちやその子どもたちだって、いつ難民になるかわかりません。生まれた場所、時代がちょっと違えば、私たちだって難民になっていたかもしれないのです。自分が難民として見知らぬ国にようやくたどり着いて、やっと助かると思ったら、制服のひとたちに囲まれて、このようなナンセンスな質問を続けざまに投げかけられたらどう感じるでしょうか。そんな視点に立つことで解答することも可能です。

技能実習生を搾取する日本社会の闇

問11は、昨今これまた問題視されている技能実習生についての設問です。新聞やテレビの報道でもときどき扱われますが、どうしても表面的な理解で終わってしまいがちです。その点、この問題文を読むと、問題の本質が端的に理解できるのではないでしょうか。

日本政府はもともと外国人受け入れに消極的だが、安い労働力は欲しい。そこで考案されたのが「**技能実習生**」という制度だったと看破しています。問題文を読むと、彼らは安価な労働力として日本に招かれ、労働以外のことをしてはいけない状況に置かれていることがわかります。彼らの犠牲のうえに、私たちの日常生活の便利・快適が成り立っているのですよと、問題文は受験生に訴えかけます。感受性の強い受験生は、罪の意識に苛まれてしまうかもしれません。その胸の痛みを、入試のおみやげとして持って帰ってくれたのなら、出題者冥利に尽きるのではないでしょうか。

もうこの設問の正解が何かなんてどうでもいいような気もしてきますが、一応、入試問題として解説しましょう。4つの仕事が挙げられて、これらに従事する技能実習生の外国人の滞在期間を延ばすことが、企業にとってなぜ都合良いのかを答えさせます。12歳の子どもを企業の経営者の視点に立たせるということです。

これらの仕事に共通するのは、一人前になるのに時間がかかることです。大工や自動車整備の仕事は技術の習得自体に時間がかかります。食事の調理に関しては、日本の食文化を理解して慣れるまで時間がかかります。高齢者介護の仕事に関しては、高齢者との人間的信頼関係を築くのに時間がかかります。

これを踏まえて解答すると、たとえば「新たな技能実習生を雇って、仕事を覚えるまで時間をかけるのが、もったいないから。」となります。

問12は、日本に不慣れな外国人への支援を、民間のボランティア組織に依存している現状について、そのデメリットを答えさせる問題です。

民間のボランティア組織は、人材面や資金面で脆弱です。活動が持続できなかったり、不十分だったりという不都合は常にあります。

2つの不都合を挙げて説明せよと言われているので、⑴人材確保と⑵資金面の2つの観点でボランティア活動の継続の難しさを説明してもいいでしょうし、ボランティア組織の⑴持続性と⑵質の2つの観点から解答してもいいでしょう。たとえば「多様な言語を扱えるボランティアを集めるのが難しく、十分な支援ができない可能性がある。また、資金が足りなくなればボランティア活動自体を継続できなくなる可能性がある。」とまとめることができます。民間の力でなんとか支援が回ってしまうことで、公的な支援のしくみがいつまでもつくられないという矛盾もありますので、その観点で答えることもできるとは思います。

外国人も日本人も対等に平等に暮らせる社会

最後の問13は、難民ではなく労働者として日本に来たひとたちの人権を守るために必要だと、受験生自身が考える政策や活動を、その理由とともに述べさせる問題です。この1問だけで、高校の1学期間の探究の授業のテーマになる問いです。それを、50分間のテスト時間の最後の数分で答えさせます。

政策は、社会制度として何ができるかという観点です。活動は、個人として何ができるかという観点で答えられます。マクロな視点で構造的に考えるのが得意な受験生は前者を選べばいいですし、半径5メートル的な個人的な視点で考えるのが得意な受験生は後者を選べばいい。受験生の多様性を踏まえ、解答に自由度をもたせている点にも、「正解を当てに行く」のではなく、「自分らしく答えてほしい」という出題者の配慮を感じます。その想いに応えて、思う存分自分の言葉で自分の考えを書けば、得点になるでしょう。

現状の何が問題なのかは、問題文の中にヒントがたくさんあります。そこを改善する案を自分なりに考えればいいのです。問題文がこれだけ主張しているのですから、最後の問題で受験生が「青年の主張」ばりに声高に主張しても、まったくおかしくありません。

たとえば政策の観点からいけば、「技能実習生は現在、短期の低賃金労働者として扱われている実態がある。日本で暮らしている以上、日本人と同等の最低賃金はもらわないと人間らしい生活ができない。技能実習生であっても、日本人と同程度の最低賃金を保障する法律をつくるべきだ。」というのがひとつの答え方です。

活動の観点からいえば、「日本に来てまだ日が浅い外国人は、まず日本語という言葉の壁で苦労する。日本語の習得のために借金を抱えてしまうこともある。安価な日本語教室が必要だ。彼らを少しでもサポートするために、地域の人々で安価または無料の日本語教室を開くべきだと思う。」という答え方ができるでしょう。

人間らしく文化的に生きる権利を社会権といいます。それが憲法25条に書かれていることを、中学受験生は学んでいます。そこでたとえば、「地域社会の中で安心して暮らせることも人権の一部だと思う。外国人労働者とその家族が地域社会に溶け込んで安心できるように、地域の自治会で、外国人向けの交流会を開催したり、逆に彼らに外国語を教えてもらう機会を設けたりする活動が必要だと思う。」というのもありでしょう。

いや、ここで示したどちらの解答例も大人特有の「当てに行く」解答ですね。「われわれは労働力を呼んだが、やって来たのは人間だった」という部分に下線が引かれているわけですから、外国から来た労働者やその家族を自分たちと同じ人間として迎え入れるには、社会として何をすればいいかという観点で、もっと大胆な提案をしてもいいはずです。実現可能性なんて気にしなくていい。

そのときにパッと思い浮かんだ解答をとりあえず書くにしても、試験時間が終わってからついもっといい解答がなかったかと考え続けてしまうような子どもを、麻布は求めているのだと思います。「続きは4月から、6年間かけていっしょに考えよう」というわけです。

それにしても、これだけ多様な解答方法がある問題を、どうやって採点しているんだろうというのが最大の謎です。

◎〈難民、外国人受け入れ〉に関わる出題があったその他の学校

鎌倉学園、公文国際、芝、城西川越、成蹊、千葉日大一、桐朋

SDGsミニ講義①

人権意識の低さは自分たちの首を絞める

だれ一人取り残されないというのがSDGsの理念の根底にあります。貧しいひとだけでなく、障碍者や外国人労働者も当然取り残されてはいけません。日本にも「SDGs推進円卓会議」というものがありますが、そこでNGOの方々がよく指摘してくれる問題でもあります。いわゆる社会的なマイノリティーの問題です。

特にこの問題文では、労働力と人権をどうとらえるかが論点になっています。技能実習生が、低賃金で働かされ、5年間家族を呼び寄せることもできないというのは人権問題です。入管で亡くなった方がいますよね。これも人権問題です。弱い立場のひとを苦しめるのは、いじめの構造と同じです。低賃金は経済格差を生み出します。また、外国人労働者に対する偏見も生み出します。

日本の社会では、人権に対する配慮が非常に欠けています。情けない状態です。2022年9月中旬、国連は日本政府に対して、障碍児を分離する「特別支援教育」中止の要請および精神科の「強制入院」を可能にしている法令の廃止を求める改善勧告を出しました。

多様性がある社会なら、いつでも自分がマイノリティーになる可能性を肌で感じることができます。でも、日本の中で日本人はマジョリティーでいられます。自分たちだって海外に出ればマイノリティーなのにそれに気づけないとしたら、日本が島国であることの悪い側面だと言えます。

多様性があるから、イノベーションが起こります。社会の多様性を重視することが持続可能な社会を実現する絶対条件です。

◎1章の問題に関連して達成すべき目標

2章

公害のない社会を実現する方法は？

［問題］

はじめに

熊本県南西部から鹿児島県北西部にかけて、九州本土とそこから伸びた宇土《うと》半島、天草諸島の島々、鹿児島県長島などに囲まれた内海を、不知火海《しらぬいかい》（八代海《やつしろかい》）といいます。北は有明海、南は東シナ海と細い水路でつながり、入り江に富んだ、美しい風景が広がっています。このうち、熊本県水俣のあたりの海には、たくさんの魚が産卵や休息のために集まり、遠浅の海辺ではアサリやハマグリなどの貝類がよくとれました。地元の人たちは、不知火海を「魚湧《いおわ》く海」と呼び、たくさんの魚や貝類などをとって食べ、生活していました。

この豊かな海に、チッソ水俣工場が有害なメチル水銀を含んだ工場排水を流したことから、魚や貝類などが汚染され、それを食べたネコやトリ、さらに人間が次々と水銀中毒になりました。1956年5月1日に、チッソ付属病院の細川一《ほそかわはじめ》院長が、熊本県水俣保健所に人間の症状《しょうじょう》についてはじめて報告し、翌年に「水俣病」と名付けられました。当時は、原因不明の「奇病」とされ、病気になった人たちはさまざまな症状だけでなく、伝染病かもしれな

不知火海沿岸地図と水俣市概要《がいよう》図

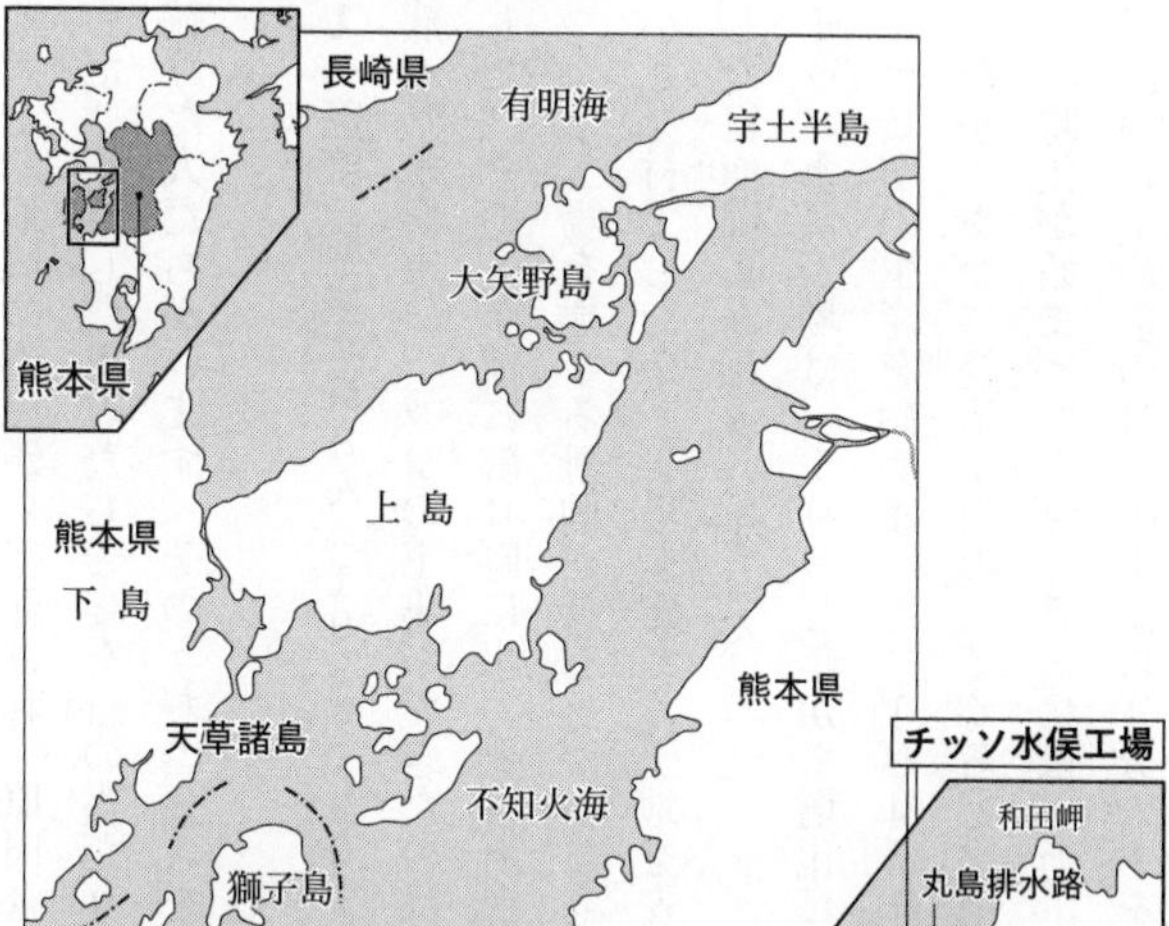

20万分の１地勢図「八代」（国土地理院、1990年４月１日発行）をもとに作成

▦は埋め立て地

水俣フォーラム『水俣展 MINAMATA Exhibition』

いと考えた地域の住民から差別され、原因企業のチッソや行政の冷たい対応にも苦しめられました。そうした患者たちの姿を目《ま》の当たりにして、さまざまな思いから患者たちと向き合い続けた人たちがいます。そのうちの3人をご紹介します。

1 医師 原田正純《はらだまさずみ》さん（1934《生まれた年》～2012《亡くなった年》）

熊本県水俣市にチッソの工場ができたのは、日露戦争が終わってから3年後の1908年でした。その2年前に隣り町に水力発電所ができて、余《あま》った電力を利用して近くに化学肥料をつくる工場を建てる計画が持ち上がりました。当時の水俣は、林業や製塩業、漁業が中心の小さな村でしたが、工場を建てる土地を安く提供して、誘致《ゆうち》しました。この時、水俣湾に面した百間《ひゃっけん》港も整備されました。

チッソ水俣工場は、1932年から塩化ビニールやプラスチックなどの原料であるアセトアルデヒドの生産を始めました。1945年8月の敗戦で、日本経済はどん底まで落ち込みましたが、やがて経済が復興してくるとアセトアルデヒドの生産量も増えていき、高度経済成長の時代が始まった1955年には1万トン、1960年には4万5000トン以上に達し、国内の生産量の3分の1から4分の1を占めました。チッソが大きな会社になるにつれて水俣市の人口も増え、町は栄えていきました。ところが、このアセトアルデヒドをつくる過程でメチル水銀が発生していたのです。チッソは、百間港の排水口からそのまま流し続けました。

1956年11月、熊本大学医学部の研究班は、チッソの工場排水で汚染された魚介類を食べたことから「奇病」が発生したのではないかと報告し、1959年にはメチル水銀が原因であることを突きとめました。熊本県は、水俣湾の魚をとったり食べたりすることを禁止するよう、厚生省（現在の厚生労働省）に求めましたが、明らかな証拠はないとして対応しませんでした。またチッソは、1959年にチッソ付属病院の実験により工場排水が原因であるとわかった後も、そのことを隠《かく》して1968年まで工場排水を流し続けました。しかも1958年からは、百間港の北にあった水俣川河口の八幡《はちまん》プール（工場で出た廃棄物を埋《う》めた海面プール）から工場排水を海へ流すことにしたため、不知火海一帯に汚染が広がりました。病気になった人たちには、わずかな金額の見舞い金を支払うかわりに、今後新たな事実がわかっても補償《ほしょう》は求めないよう約束させました。

医師の原田正純さんが初めて水俣を訪れたのは、1961年の夏でした。1934年に鹿児島県薩摩《さつま》町（現在の薩摩郡さつま町）で生まれた原田さんは、1953年に熊本大学理科乙類《おつ》（医学進学課程）へ入学し、大学院では神経精神医学教室に所属していました。原田さんたちは水俣市立病院で患者の診察《しんさつ》にあたっていましたが、市役所の呼び出しに応じない患《かん》者《じゃ》がいると聞き、家を訪《たず》ねました。しかし、「自分たちのことがテレビや新聞で報じられると、魚が売れなくなって困る」「これまでに何度も診《み》てもらったが治らない」と言って、診察を拒否されました。どの家も貧しい生活を送っていました。原田さんは、「治らない病気を前にした時、医者は何をすべきなのか」を考えたそうです。

また、ある漁師の家を通りかかった時に、2人の兄弟を見かけました。2人とも全く同じ症状でしたが、水俣病の公式確認後に産まれた弟は魚を食べていないから水俣病ではないと医師から診断されていました。当時の医学では、胎盤《たいばん》（母親の胎内《たいない》で胎児とへその緒でつながった器官）は毒物を通さないと考えられていました。しかし、これは間違いなのではないかと考えた原田さんは、へその緒を調べてメチル水銀が胎盤を通過していたことを明らかにしました。

このように、母親の胎内で水銀中毒になることを「胎児性《たいじせい》水俣病」といいます。胎児性水俣病の子どもを「宝子《たからご》」と呼び、大切に育てている家族の姿に、原田さんは逆に励《はげ》まされ多くのことを学びました。「現場に行って実際に見た。この、見たということが私の人生を変えた」と、原田さんは述べています。「見てしまった者の責任」として、原田さんは終生《しゅうせい》、水俣病をはじめ国内外で公害などで苦しむ人たちの治療や、同じ過《あやま》ちが繰り返されないよう活動を続けました。

2　作家　石牟礼道子《いしむれみちこ》さん（1927〜2018）

石牟礼道子さんは、1927年に熊本県天草市で生まれ、生後3ヶ月の時に水俣へ移住しました。水俣実務学校（現在の熊本県立水俣高等学校）に通っていたころから詩や短歌を詠《よ》むようになり、1943年に国民学校（現在の小学校）の先生になりました。1958年には、日本最大の筑豊炭田をはじめとする炭坑で働く人たちに詩を届けることを目的とした雑誌『サークル村』に参加し、作品を発表するようになりました。

このころ、石牟礼さんの子どもが水俣市立病院に入院した時、隔離《かくり》された病棟《びょうとう》に入院していた水俣病の患者を見かけました。水俣病の症状はさまざまですが、体内に入ったメチル水銀は、おもに脳など神経系を侵《おか》し、手足がしびれ震《ふる》える、視野が狭《せま》くなる、耳鳴りがして耳が聞こえにくい、言葉をはっきりと話すことができない、などの症状を引きおこします。水俣病が公式確認されたころには、発病から1ヶ月以内に亡くなる重症者も出ました。また、見た目にはわからなくても、頭痛や疲《つか》れやすい、においや味がわかりにくい、物忘れがひどいなどの症状を抱《かか》えた患者もいます。

石牟礼さんは、「何か重大なことが起きている」と感じ、「気にかかってならず、それを見届けたい」という思いで、患者の家をまわり、患者の声に耳を傾けました。そして、水俣病で亡くなった人や、症状が重く自分の苦しみを語ることができない患者の代《か》わりに、声にならない思いを文学作品で伝えようとしました。こうして書かれたのが、『苦海浄土《くがいじょうど》』をはじめとする作品です。また、石牟礼さんはよく、「悶《もだ》えてなりとも加勢《かせ》せんば」と口にしました。これは、「何もできないけれど、共に悩み苦しみ、闘《たたか》うことで力になろう」という気持ちを表《あらわ》した言葉です。石牟礼さんは、水俣病の原因をつくったチッソと、患者ではなく企業や日本の経済発展を優先させた国と、たたかう患者たちを支援しました。

1965年6月、新潟県の阿賀野川流域でメチル水銀の中毒患者が7人発生し、うち2人が死亡したことが発表されました。阿賀野川の上流にあった昭和電工の工場排水が原因ではないかとされましたが、昭和電工は認めなかったため、1967年に裁判が起こされました。その2ヶ月後、ようやくこうした被害を防ぐために公害対策基本法ができました。翌年にチッソ水俣工場はアセトアルデヒドの製造をやめ、それから8日後に国は水俣病を公害病と初めて認めました。これをうけて、熊本県の水俣病患者とその家族もチッソを相手に裁判を始めました（水俣病第1次訴訟）。石牟礼さんたちは、水俣病対策市民会議（現在の水俣病市民会議）を立ち上げて応援しました。1973年、熊本地方裁判所で原告勝訴の判決が出され、チッソは責任を認めて慰謝料《いしゃりょう》を支払いました。

3　写真家 ユージン・スミスさん（1918〜1978）

水俣病が公式確認されてから、多くの人たちが新聞やテレビ、写真、映画などで、苦しむ患者たちのようすを伝えました。その一人が、写真家のウィリアム・ユージン・スミスさんです。ユージンさんは、第1次世界大戦が終わった1918年にアメリカ合衆国のカンザス州で生まれました。お父さんは小麦を扱う商人で、お母さんはアメリカ先住民の血をひいていました。写真家を目指していたお母さんからカメラをもらったことをきっかけに、ユージンさんは写真に興味を持ち、報道写真のカメラマンとして働くようになりました。

1939年9月にヨーロッパで第2次世界大戦が始まり、1941年12月にはアジア・太平洋戦争がおきました。戦争のようすを伝えるために、多くの写真家が戦地へ行きましたが、ユージンさんも日本軍とアメリカ軍が戦う戦場で写真を撮《と》り続けました。1945年3月末に沖縄県の慶良間《けらま》諸島へアメリカ軍が上陸して始まった沖縄戦で、ユージンさんの目の前で大砲の砲弾《ほうだん》が炸裂《さくれつ》し、大ケガをしました。何度も手術を受け、雑誌カメラマンとして復帰できたのは、戦争が終わった後の1947年のことでした。ユージンさんは、これからは戦いではなく人間の内面に踏《ふ》み込んだ写真を撮ろうと決意しました。

1971年、ユージンさんは初めて水俣を訪《おとず》れました。日本で写真展を開く話が持ち上がり、その時に水俣のことを知ったのがきっかけでした。日本で結婚したアイリーン・美緒《みお》子《こ》・スミスさんと一緒に水俣の各地をまわり、患者をはじめ多くの人から話を聞き、写真を撮りました。後にユージンさんは、「水俣では、医学とそれをめぐる人たちの物語がある。産業とそれをめぐる人たちの物語がある。そして、きびしい状況のなかでも、希望を失わず、たくましく生きる人たちがいる。水俣には、自分が追い続けてきたテーマのすべてがある」と述べています。

ユージンさんが水俣を訪れたころ、患者たちの闘いは激しさを増していました。症状があるにも関わらず、水俣病と認定されない人たちが、国やチッソに救済を求めていたのです。環境庁（現在の環境省）が発足した1971年12月には、東京のチッソ本社前で、患者たちによる抗議の座り込みが始まりました。そのようすを撮影するために、ユージンさんたちも東京へ行きました。千葉県市原市《いちはら》のチッソ五井《ごい》工場では、話し合いのために訪れた患者たちをチッソ従業員が追い出しにかかりました。この時、カメラを構えていたユージンさんは、コンクリートの床にたたきつけられ、門の外に引きずり出されて大ケガをしました。

ユージンさんが撮った写真は、1972年にアメリカの雑誌『ライフ』や日本の『アサヒカメラ』に掲載されました。翌年には、水俣病と認定されていなかった患者たちによる裁判（水俣病第2次訴訟）が始まりました。五井工場でケガをした後もユージンさんたちは撮影を続けていましたが、ユージンさんの体調が悪くなったため、1974年11月に水俣を去《さ》り、アメリカへ帰国しました。翌年5月、写真集『MINAMATA（水俣）』がアメリカで出版されて、大きな反響を呼びました。

一方、1972年6月には、スウェーデンの首都ストックホルムで、環境問題について取り上げた初の大きな国際会議である、第1回国際連合人間環境会議が開催《かいさい》されました。「かけがえのない地球」を合言葉に、113カ国が参加しました。ユージンさんの写真集に載《の》せられていた胎児性水俣病の患者の坂本しのぶさんたちも出席し、水銀による被害の恐ろしさを世界へ訴えました。

水銀による健康被害や環境問題を解決するために「水銀に関する水俣条約」が採択された

のは、2013年10月のことです。2017年8月に発効しましたが、水銀による環境汚染は今も世界各地で起きています。2019年に世界で亡くなった人の6人に1人にあたる900万人以上は環境汚染が原因で、その約9割は貧しい国の住民や先進国の貧しい人々であるという報告もあります。2021年9月には、アメリカで製作された映画『MINAMATA―ミナマタ―』が日本で公開され、主人公のユージンさんの役を俳優のジョニー・デップさんが演じました。

おわりに

船と船をつなぐことや、他の人と協力して物事をおこなうことを、「もやい」といいます。地域の人々の関係、自然と人の関係が壊《こわ》されてしまった水俣では、水俣病と向き合い、地域の再生を目指す「もやい直し」が続けられています。

チッソ工場は、1932年から1968年までの36年間、メチル水銀を含んだ排水を不知火海へ流し続けました。水俣湾にたまった水銀の量は、70〜150トン、あるいはそれ以上ともいわれています。1977年に熊本県は、海底のメチル水銀を含んだヘドロを取り除いて護岸の内側に封じ込める工事を始め、1990年に終えました。約58・2ヘクタール（東京ドーム約13・5個分）におよぶ埋立地は、現在、公園として整備されています。また、1974年から1997年までの間、水俣湾内から汚染した魚が出て行かないように仕切網を設置して、汚染した魚を取り除きました。1997年には「安全宣言」が出されましたが、地震などで崩れないよう、熊本県が監視を続けています。

このように「海の再生」は進められましたが、「命の問題」は今だ解決していません。1977年に環境庁が、水俣病の認定基準を厳しくしたため、水俣病であることを認めるよう求める裁判が相次ぎました。1995年、当時の村山富市《むらやまとみいち》内閣は、一定の症状がある患者にはチッソが医療費などを支払うことなどを決めました。2004年に国の責任を認める最高裁判所の判決が出されたことをうけて、水俣病被害者救済特別措置法が制定されました。これにより、それまで水俣病とは認められなかった患者にも一時金が支給されることになりましたが、対象とする地域を限定し、複数の症状があることを条件としました。別の地域に住んでいた場合には、汚染した魚を食べたことを自分で証明しなくてはならず、感覚障害だけでは認められませんでした。

水俣病の公式確認から何度も、水俣病かどうかの線引きをめぐり、被害を受けた人たちがさらに苦しめられてきました。2021年8月末現在の熊本県と鹿児島県の発表によると、水俣病に認定された患者は約2288人ですが、申請したものの認められなかった人が1万7442人、申請の結果を待っている人は1414人います。さらに、感覚障害があることを証明されていても、水俣病とは認定されていない人は約7万人おり、このなかには現在、裁判をおこしている人たちもいます。

命とくらし、豊かな自然を奪(うば)った水俣病をめぐる問題は、今も終わってはいないのです。

おもな参考文献

高峰武『水俣病を知っていますか』岩波ブックレットNo.948

原田正純『水俣病』『水俣病は終っていない』岩波新書

石牟礼道子『苦海浄土　わが水俣病』講談社文庫

W・ユージン・スミス、アイリーン・M・スミス『写真集　水俣MINAMATA』

土方正志『ユージン・スミス　楽園へのあゆみ』偕成社

問17　波線部について、なぜ水俣病は「今も終わってはいない」のでしょうか。問題文を参考にして、それに対する自分の考えとあわせて述べなさい。

［田園調布学園中等部］

［解　説］

経済成長の正負の側面

とにかく情報量の多い問題文ですよね。しかも水俣病に対する熱がこもっています。生々しい社会課題を扱った高度な問題といえるでしょう。

実は田園調布学園では、1996年度から、実際に水俣を訪れ水俣病について学ぶ活動を続けています。現代文の授業では、この問題文に出てきた作家の石牟礼道子さんの『苦海浄土』を扱います。

2021年には、やはりこの問題文に出てくる写真家のユージン・スミスさんを俳優のジョニー・デップさんが演じた映画『MINAMATA―ミナマタ―』の公開を記念して、学校内で上映会を開き、その後、ユージンさんの元妻のアイリーン・美緒子・スミスさんと講堂をオンラインで結んでの意見交換会が開かれました。この様子は各種メディアでも報道されましたので、田園調布学園を本気で目指す受験生の親子は、きっと知っていたはずです。

おおたもこの交流会の様子を記事にしましたので、よかったらインターネットで検索してみてください。

そこで実際に映画を見たり、同時に発行された復刻版の写真集『MINAMATA（水俣）』を見たりしていれば、この長い問題文に書かれていることの主旨はすぐに理解できたはずです。

重化学工業化にともなう**四大公害病**の一つとして、中学受験生は水俣病のことを当然知っています。四大公害病とは、**水俣病**、**新潟水俣病**（新潟県阿賀野川流域、水銀が原因）、**イタイイタイ病**（富山県神通川流域、カドミウムが原因）、**四日市ぜんそく**（三重県四日市市周辺、亜硫酸ガスが原因）を指します。

ある意味、四大公害病と対をなす言葉としては、「**三種の神器**」や「**3C**」があります。三種の神器とは、テレビ、洗濯機、冷蔵庫です。3Cは、車（カー）、カラーテレビ、クーラーです。これらが家にあることが、第2次世界大戦後から**高度経済成長期**の社会を支える中流層のステータスでした。その反面で公害が起きていたわけです。

問題文には、ユージンさんが水俣の写真を雑誌『ライフ』や『アサヒカメラ』に掲載した翌年にあたる1972年に、スウェーデンのストックホルムで、「**かけがえのない地球**」を合言葉に、環境問題について取り上げた初の国際会議が開かれたことも書かれています。現在のSDGsにもつながる、国際的な環境保護活動の元年だったということができます。

世界の死亡者の6人に1人は環境汚染が原因

この一本の問題文に、地理・歴史・公民の全分野の話題を絡めて出題しています。ここでは、最終問題の問17に注目します。水俣病は「今も終わっていない」と言えるのはなぜかを、自分の考えとあわせて答えさせます。

問17が指し示す「命とくらし、豊かな自然を奪った水俣病をめぐる問題は、今も終わってはいないのです」という文章の直前に、解答を構成するための事実が列挙されています。

水俣病に認定された患者が2021年8月末現在で2000人以上います。それだけでも「終わっていない」と言えますよね。しかも、申請が認められなかったひとが1万8000人近くいます。申請の結果を待っているひとたちもいます。さらに、感覚障害があっても水俣病とは認められていないひとがなんと約7万人もいて、なかには裁判を起こしているひともいます。

この事実に対して自分の考えを加えて解答すれば、高得点がもらえるでしょう。

ただし、解答のポイントはそこだけではありません。問題文の「おわりに」の2段落目の最後には、１９９７年に「安全宣言」が出されたものの、水銀を含むヘドロを封じ込めた埋立地が地震などで崩れないように、熊本県がその後も継続的に警戒・監視を続けていることが書かれています。この事実に対して自分の考えを添えて解答する方法もあります。

さらに問題文を遡ると、「おわりに」の冒頭には「『もやい直し』が続けてられています」と書かれています。分断されてしまった関係性のもやい直しは、まだ終わっていないことをポイントにして解答してもいいはずです。

さらにその前には、水銀による環境汚染がいまも世界各地で起きていることが述べられています。２０１９年、**世界では6人に1人が環境汚染が原因で亡くなっている**という記述は衝撃的ではないでしょうか。しかもその9割は貧しい人たちです。格差社会の弱者が、環境汚染で命を落とす現実が、私たちが暮らすこの世界にあります。環境問題は格差問題でもあるのです。ここをもって、「終わっていない」と論を張ることもできます。

田園調布学園は、自校のホームページで入試問題と解答例を公開しています。問17については、「水俣病が、なぜ『今も終わっていない』のか、その理由を自分の考えとともに述べられていたら、得点としました。」と書かれています。この問いを出題した学校側の想いに受験生なりに応えてくれたら得点だということです。まるで学校と受験生のラブレターのやりとりみたいな問題です。

感受性の強い子どもなら、問題文に書かれている現実にショックを受けたり患者さんたちの悲しみに共感したりして、解答できなくなってしまうのではないかと心配になるくらいです。もし涙で濡れて、「すみません。とても言葉にできません」と書かれている答案用紙があったら、その受験生はそれだけでこの学校で学ぶ資格があるのではないでしょうか。それだけで合格を出してもいいような気すらします。

◎〈四大公害病、水俣病〉に関する出題のあったその他の学校

穎明館、開成、自修館、城北、千葉日大一、本郷

SDGsミニ講義②

公害が起きてからでは遅い

問題文の中に、1972年にストックホルムで行われた国連人間環境会議に関する記述が出てきます。いまからちょうど50年前。これがまさに、SDGsの起源です。

第2次世界大戦後、人間の活動の結果として、さまざまな歪みが表出しました。最初に世界の注目を集めたのが公害だったといっていいでしょう。それが国連で初めて話し合われたのが1972年のストックホルムでした。

それから20年たった1992年、リオデジャネイロの国連環境開発会議、通称・地球サミットがありました。そこで環境と開発のバランスが課題であるという認識がされます。2002年には、持続可能な開発に関する世界首脳会議、通称・ヨハネスブルク・サミットが行われ、社会の持続可能性という概念が出てきました。2012年、再びリオデジャネイロで国連持続可能な開発会議、通称・リオ+20が開催され、過去20年間の振り返りと今後の課題認識が行われました。ここからSDGsについての活発な議論がスタートしました。

水俣病では、工場排水が原因であると認められるまでとても時間がかかりました。いまでも因果関係を認められていないひとがいることが問題文でも説明されています。因果関係が認められて、賠償金が支払われたとしても、病気が治るわけではありません。

同じ構造が、公害問題だけでなく、気候変動や生物多様性などの問題にもあります。経済活動の急拡大が公害や環境問題などさまざまな歪みをもたらしたことは、いまでは常識になっていますが、その因果関係を世界が認めるまでにはとても時間がかかりました。科学的に因果関係が認められたとして、悪意があってやったわけではない経済活動の責任をどこまで問えるかという問題もあります。

因果関係がわかってからでは遅いのです。そこで最近では、予防原則という考え方があります。自分たちの経済活動が、どこにどのような影響をおよぼすかを予測して、歪みがでないように予防する策を同時に行わなければいけないという考え方です。こうなると、法律や制度で縛れることではなく、もはや社会規範の問題です。

持続可能に課題を解決していくには、法律や制度による抑止力に頼るのではなく、あり得る姿を考え、そちらに舵を切った具体的な行動をとることが大事です。まさにそのためにあるのがＳＤＧｓなのです。

◎２章の問題に関連して達成すべき目標

3章

平等に見える教育制度の落とし穴は何か？

［問題］

みなさんはなぜ学校で勉強をするのかについて、考えたことはありますか。日本国憲法第26条では「すべて国民は、法律の定めるところにより、その能力に応じて、ひとしく教育を受ける権利を有する」、「すべて国民は、法律の定めるところにより、その保護する子女に普《ふ》通《つう》教育を受けさせる義務を負ふ。義務教育は、これを無償《むしょう》とする」と定められています。憲法以外にも教育基本法などが定められており、学校での教育はこれらの法律にもとづいています。今日は、学校制度がどのように移り変わっていったのかについて学んでみましょう。

日本では明治維新《いしん》後に、欧米《おうべい》にならって近代的な学校教育制度を整備し始めました。江戸《えど》時代にはいわゆる「読み書きそろばん」を教える教育機関や、藩《はん》が設置した藩校《はんこう》と呼ばれる学校もありました。また、儒学《じゅがく》や蘭学《らんがく》などをより高度に学べる私塾《しじゅく》も各地に存在しました。しかし、身分や性別に関係なくすべての国民を対象とする、国家の制度としての教育の仕組みは存在しませんでした。

明治政府は1871（明治4）年に文部省を設置し、全国に学校を開く準備を進めました。

1872年に教育に関する最初の法令である学制を発布し、まずは小学校を設置することに力を入れました。富国強兵をめざす政府は、国の発展を担う人材を育てるためにも男女を問わず初等教育を普及《ふきゅう》させることが重要だと考えたのです。1879年には学制に代えて教育令を出しましたが、小学校を重視する方針は変わりませんでした。明治時代末までには帝《てい》国《こく》大学や高等学校などの上級の学校の仕組みも整えられ、大正時代には私立の大学や高等学校も増えていきました。

時期により制度や学校の仕組みは多少異なりますが、1947（昭和22）年に公布された学校教育法に基づく制度と、それまでとを大きく区別して、戦前の教育制度や学校を「旧制」と呼んでいます。旧制の学校が現在と大きく異なるのは「複線型」の仕組みであり、義務教育とされた小学校を卒業した後は原則として男女が別々《べつべつ》に学ぶ体制であったことです。

小学校後、さらに上級の学校を目指す場合、男子は中学校や高等学校を受験することができました。高等学校は帝国《ていこく》大学に進学するための学校でした。この他にも男子が学べる学校は、教員になるための高等師範《しはん》学校や、医師になるための医学専門学校などさまざまな専門学校や大学がありました。学校や資格試験制度を通じて、国の役人になったり、裁判官や弁護士、医師になったり、企業《きぎょう》に就職したりする機会が得られたのです。しかし、女子の進路は大きく制限されていました。男子の中学校に相当する高等女学校以上の学校としては、一部の大学が門戸を開いていたものの、原則として女子のための高等師範学校や専門学校にしか進学できなかったからです。高等女学校で学べる期間も中学校より短く設定されていたり、教育内容も法制及《および》経済（のち公民科）などの科目が設置されなかったりしました。代わりに、中学では教えられない家事や裁縫《さいほう》などが設置されていました。ただ単に男子と女子が別々の学校で学んだというだけではない違《ちが》いがあったことには注意が必要です。

とはいえ、男子であっても中学校・高等学校・帝国大学というコースを歩んだのはごく一握《にぎ》りの人びとでした。時代によって差はあるものの、多くの人びとにとっては義務教育の小学校、あるいは小学校後にさらに数年間学ぶことができた高等小学校が最終学歴であり、高等学校に進学できたのは同年齢《ねんれい》の100人に1人程度でした。形式的には生まれに関わらず、すべての人びとが小学校に通うことができ、男子であれば上級の学校に進学し、個人の努力や能力に応じてより高い社会的地位を目指すことができることになっていましたが、実際には、生まれた家の経済力も進学や社会的成功が可能かどうかに大きく関わっていたのです。上級の学校になるほど学校の数も限られたので、地方出身者にとっては、学校がある都市までの距離《きょり》も進学の壁《かべ》となっていました。

資料1　外国の学校制度の例（アメリカ、ドイツ）

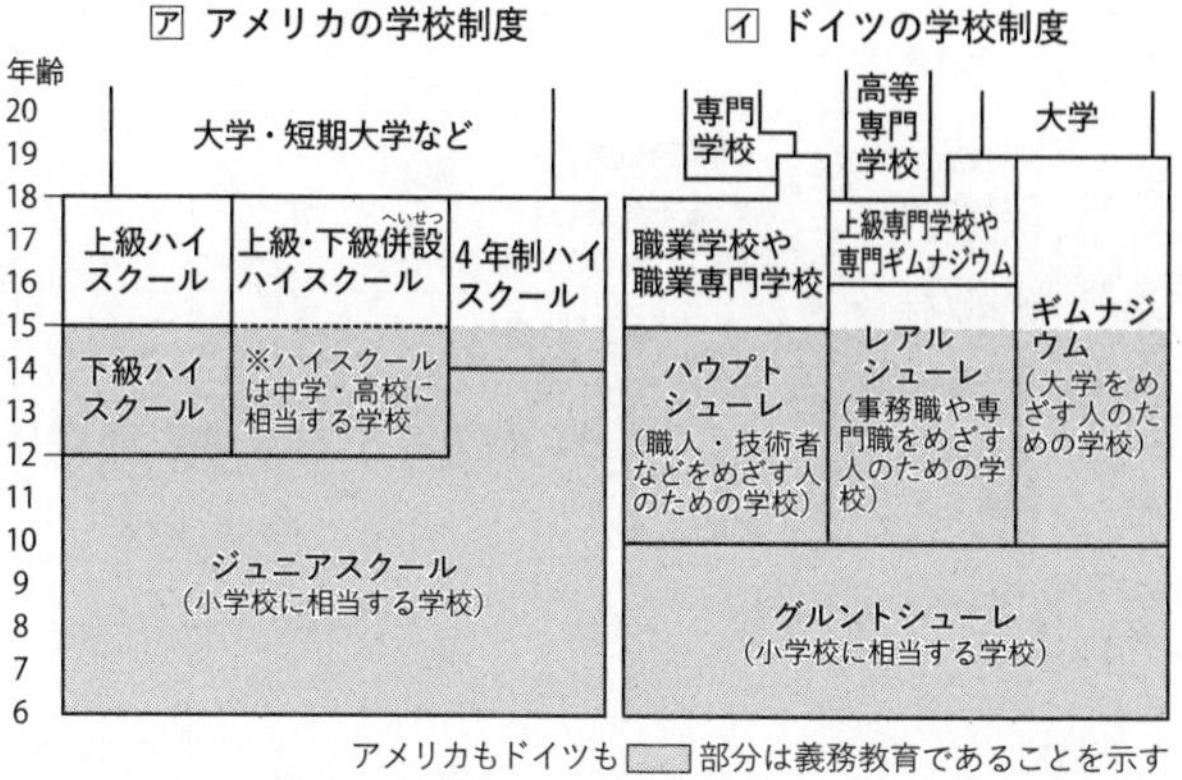

文部科学省の資料より作成。理解しやすくするために、簡略化して表現しています

第2次世界大戦が終わり、日本国憲法が施《し》行《こう》されると、憲法の精神にもとづいて新たに教育に関する法令が出されました。憲法で教育を受ける権利が保障されたのは最初にのべた通りですが、教育基本法では国民は性別や社会的身分、経済力や信条にかかわらず、教育を受ける権利が与《あた》えられることが明らかにされました。能力があるにもかかわらず、経済的な理由により学校で学ぶことができないものに対しては、国や地方公共団体が、学校で学べるようにしなければならないことも定められています。複雑だった学校の仕組みも、学校教育法によって小学校6年・中学校3年・高等学校3年、大学4年を軸《じく》とする「単線型」となり、このうち小学校6年間と中学

資料2　関東地方一都六県の男女別大学進学率（2021年）

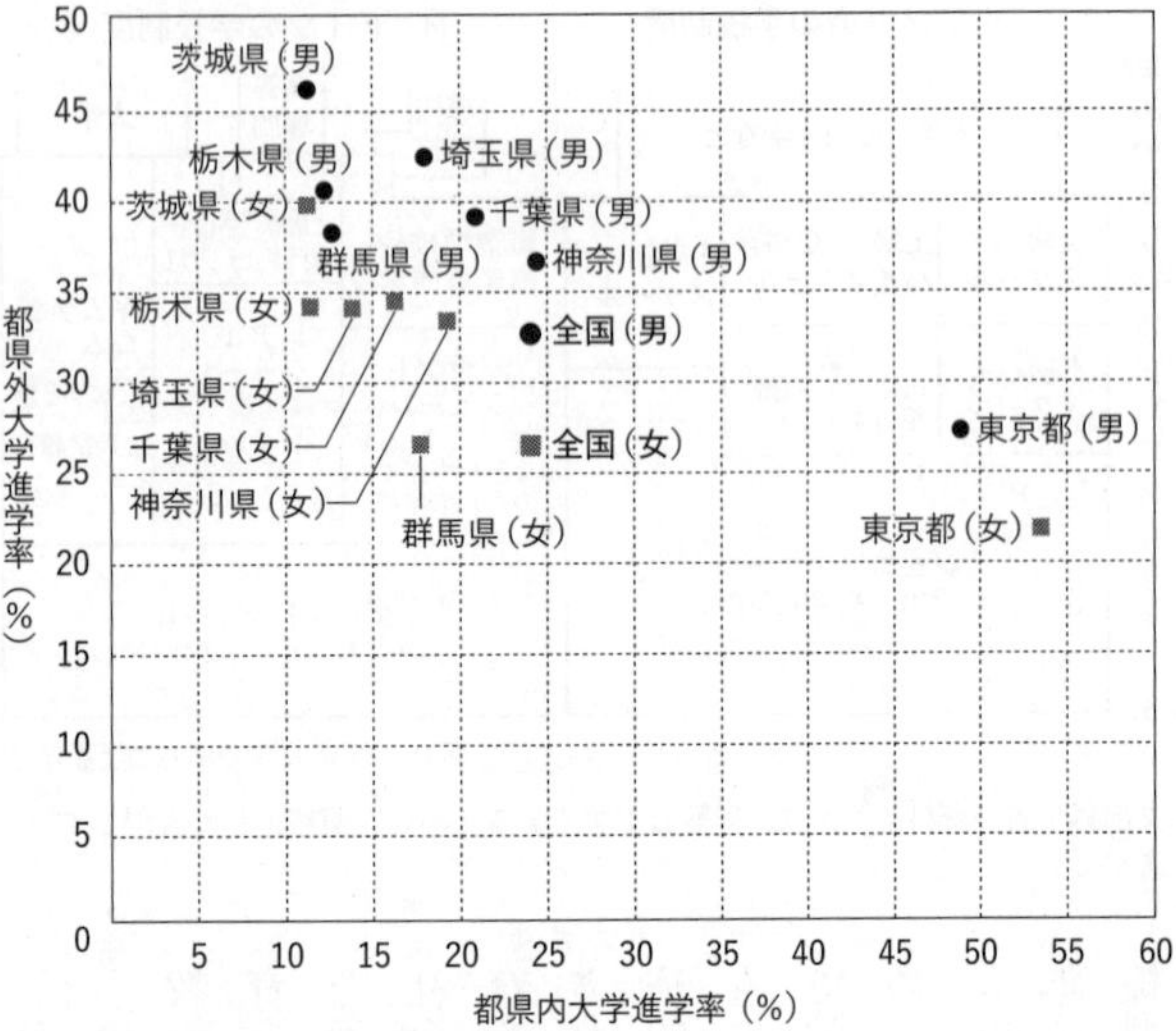

文部科学省「学校基本調査」より作成

校3年間が義務教育とされました。

戦後の復興と経済成長が進む中で人口も増加し、それにあわせて学校も増設されました。都市部では多くの労働力が必要とされ、地方の中学を卒業したばかりの若者たちを集団で就職させることも行われ、こうした若者たちは「金の卵」と呼ばれました。その後しだいに労働力の中心は中学を卒業した人びとから、高校を卒業した人びとへと変化していきました。経済的に豊かになった人びとの間で教育に対する熱意が高まっていくと大学への進学率も上昇《じょうしょう》し、旧制のもとではごく少数であった大学生もめずらしくはない存在になっていったのです。こうした大学進学志向の高まりや社会の要請《ようせい》にこたえるため、大学はどんどん増えていきました。

現在では義務教育ではない高校への進学率はほぼ100％に達し、大学への進学率も60％近くになっています。しかし、大学進学についてはそのうちわけを見てみると、男女や地域によって、進学率に差があることがわかります。また、教育に対する熱意の高まりは他方で都市部を中心に受験を通じての中高一貫《いっかん》教育への志向を強めることとなりましたが、それは受けられる教育が家庭の経済力に左右されることになりかねません。

憲法では国民は誰《だれ》であれ、能力に応じて教育を受ける権利が保障されています。それにもかかわらず、こうした差が生じるのはなぜでしょうか。学校に通い、教育を受けられることは当たり前と思ってしまうかも知れませんが、立ち止まって考えてみたい問題です。

問1　江戸時代に「読み書きそろばん」を教えた教育機関の名前を答えなさい。

問2　江戸時代の藩校や私塾に関する以下の問いに答えなさい。

(あ) 次にあげる藩校があった場所をあとの地図上の①～⑤の中から選び、記号を書きなさい。

ア 興譲館《こうじょうかん》（米沢）　イ 時習館《じしゅうかん》（熊本）

(い) 思想家の吉田《よしだ》松陰《しょういん》と関係の深い私塾を次のイ～ハの中から選び、記号を書きなさい。

イ 松下村塾《しょうかそんじゅく》（萩《はぎ》）　ロ 適塾《てきじゅく》（大坂）

ハ 鳴滝塾《なるたきじゅく》（長崎《ながさき》）

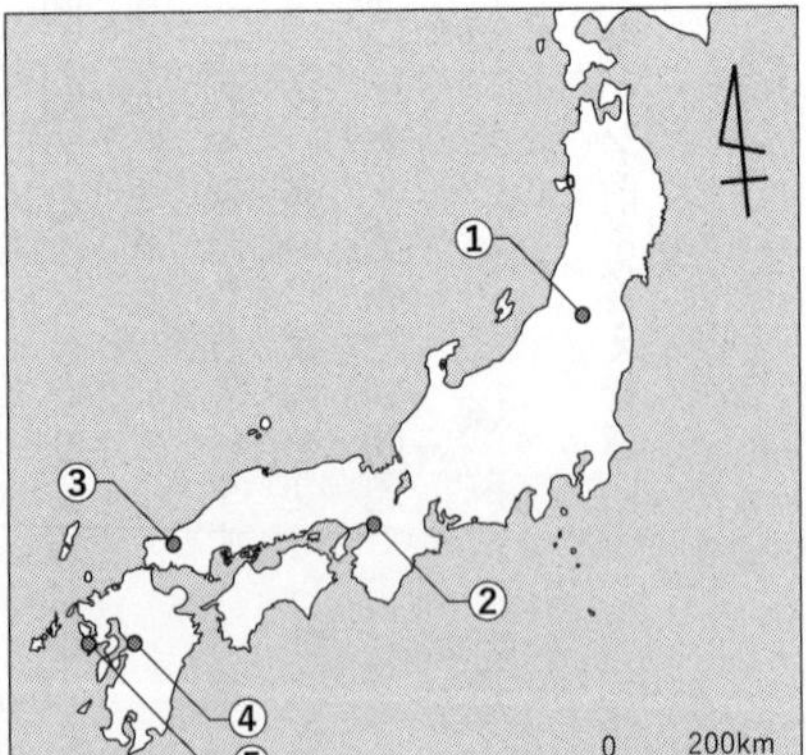

問3 問題文にあるように、学校制度の創設は明治政府がめざした富国強兵と深く関わっていましたが、学校教育は「強兵」とどのように関わっていましたか。考えられることの例を1つあげなさい。

問4 戦前の日本では、女性に対してどのような社会的役割が求められていましたか。問題文にある旧制の学校制度や教育内容から分かることを書きなさい。

問5　日本および諸外国の学校制度に関して以下の問いに答えなさい。
(あ)　資料1の[ア]はアメリカ、[イ]はドイツの学校の仕組みを示したものです。日本の旧制の仕組みに近いものを選び、記号で答えなさい。
(い)　学校卒業後の進路を考えた時に、単線型と複線型ではどのような違いがありますか。

問6　資料2は、関東地方一都六県の男女別大学進学率を示したものです。横軸は都・県内での進学率、縦軸は都・県外への進学率を示しています（縦軸の数値と横軸の数値を足したものが、その都・県の大学進学率を表します）。問題文にもある、男女や地域による進学率の違いについて、資料から読み取れることを書きなさい。

問7　平等に教育を受ける権利は憲法で保障されていますが、問題文にもあるように実際にはさまざまな格差があります。その格差の例を1つあげ、現在どのような対策が取られているかについて知っていることを書きなさい。

［武蔵中学校］

【解　説】

戦前の教育制度に見えるジェンダー格差

日本の学校制度の変遷をまとめた問題文です。実はこれ、東京私立中学高等学校協会が実施する、私学教員適性検査の「教職教養」の内容にそっくりです。

通常、中学受験勉強の社会科で、学校制度についてここまで細かくは学びません。12歳の受験生にとっては、この問題文で初めて知ることが多いはずなので、じっくり読む必要があります。問題文の中に下線部や空欄はないことから、素直に問題文そのものを読んでほしい出題者の意図が感じられます。

この問題文に対して問1〜7が設定されています。40分間の試験時間に対して、設問数は少ないといえます。じっくり考える時間が与えられています。

ここでちょっと裏話をしましょう。実は今回、本書にこの問題を転載させてもらうにあたって、学校に許諾を申請しました。転載の条件は、部分的に抜粋せず、すべての設問を掲載することでした。すべての設問が揃って初めて武蔵の社会科の入試だといえるからという理由です。この問題全体で、学校としてメッセージを発しているのです。

実際に武蔵は、教員たちが入試問題をもって近隣の小学校をまわり、その意図を説明し、生徒募集をしていた時期がありました。いまでも入試問題についての詳しい解説冊子を毎年発行しています。それほど武蔵という学校は、入試問題に強い思い入れをもっているのです。

やや駆け足にはなりますが、問1から順番に見ていきましょう。

問1の「読み書きそろばん」を教えた教育機関は、「**寺子屋**」ですね。歴史の知識を問う問題です。設問を正しく読めていれば、中学受験生ならまず間違えないでしょう。

問2(あ)は地理の知識を問う問題です。米沢と熊本がどこにあるかがわかれば正解できます。

(い)は歴史の知識を問う問題です。**適塾**は、大坂で**緒方洪庵**が開き**福沢諭吉**などが学んだ私塾です。**鳴滝塾**は、オランダ商館の医師として来日した**シーボルト**が長崎に開き、**高野長英**などが学びました。**伊藤博文**や**山縣有朋**などを輩出したのが**松下村塾**です。**安政の大獄**で粛清される**吉田松陰**の私塾として有名ですが、創立者は吉田松陰の叔父の玉木文之進です。

問3は、明治政府が目指した「**富国強兵**」の「強兵」の部分に学校教育がどのようにかかわっていたかを考えさせる問題です。答えは「命令を正しく理解し従うことのできる人材を育てる。」でもいいでしょうし「集団行動を教える。」「体育などで体を鍛える。」でもいいでしょう。

これはなかなかシュールな問題です。一般論として、日本の学校にはまだまだ理不尽な校則や過度な集団意識が残っています。いまだに明治初期からの名残を引きずっていませんかと、この問いは投げかけているように思えます。

問4は、戦前の女性に求められていた社会的役割について、問題文からわかることを答えなさいと書かれています。戦前の教育内容における男女の違いに触れた箇所がありました。公民的な科目が設置されておらず、代わりに、家事や裁縫を教えていたとあります。そこから、「政治や経済には関わらず、家を守ることが求められていた。」などと答えれば得点になるはずです。

現在でも性別や地域による教育格差は歴然

問5(あ)ではまず、日本の旧制の学校制度が複線型であったという問題文の記述がヒントであることに気づかなければいけません。ただし、一見、アメリカもドイツも小学校の先から3つのルートに分かれているように見えるので、どちらが複線型なのかわかりにくい。分かれたルートによって最終的に進める学校が異なるドイツが複線型であることを見抜けるかどうかが重要です。

そこで問5(い)があります。卒業後の進路に目を向けさせます。これが実は(あ)を正解するヒントにもなっています。要するに職業選択と学校制度を結びつけて、**単線型**と**複線型**の違いを論じろということです。「複線型の学校制度では、単線型よりも低年齢のうちに就ける職業が絞られてしまうという面がある一方で、早くから職業を意識した教育や個人の特性に合った教育を受けることができる面もある。」などと答えれば得点になるでしょう。

逆にいえば、単線型の現在の日本の学校制度では、みんなが同じ教育を受けなければいけないデメリットはあるものの、ぎりぎりまで職業選択の幅が残されるメリットがあることに気づけます。こちらの論理を解答欄に書いてももちろん得点になります。

日本の学校教育制度が、戦前から戦後にかけて、ヨーロッパ型からアメリカ型に変わったことを示唆する問題でもあります。

問6のグラフは、読み取りが非常に難しい。このグラフからどれだけ意味ある情報を抽出できるかを問うています。設問文に「男女や地域による進学率の違いについて」とありますので、性別と地域に注目してグラフを読みましょう。

全体的に「女」よりも「男」のほうが、右上にあります。つまり大学進学率は総じて男性のほうが高いことがわかります。また、全国のデータの県外大学進学率は、男よりも女のほうが低いことから、女性のほうが県境をまたいだ進学の機会が少ないことがわかります。男女ともに東京都のデータだけ右下に突出していることもわかります。つまりもともと住んでいる都県内の大学に進学している割合が高い。逆にいえば、東京都以外の地域では、県境をまたいで進学するケースが多いということ。それだけお金もかかり、進学率にも影響を与えると考えられます。あるいは、大学進学率について、全国（男）が57％くらい、全国（女）が51％くらい、東京都（男）が75％くらい、東京都（女）が75％くらいであることから、東京都の大学進学率が全国平均よりも突出して高いこともわかります。

設問文には、「資料から読み取れることを書きなさい」とありますから、資料から読み取れること以上のことを書いてはいけないのがミソです。ここが武蔵らしいところ。勝手な推測や思い込みによる勇み足をせず、あくまでも科学的に真摯に、データを読み取り記述する姿勢を求めています。右記のすべての観点に触れる必要はないので、グラフからわかることだけを、論拠を明確にしながら記述すれば、満点に近い得点がもらえるはずです。

学校が公表している解答例は「東京都では男女ともに大学進学率が高いが、東京都以外では女性の進学率が低く、全国的にも女性の進学率の方が男性よりも低い。東京都以外では県内の大学に進学する人よりも県外の大学に進学する人の方が多いことが読み取れる。」となっています。あくまでも例であって、こうでなければ点がもらえないということではありません。

学校が公表している講評には「都県別に細かく比較して分かることをたくさん書き出した解答も見られましたが、問いで示されている『男女の進学率の差』『地域による進学率の差』をまずはしっかりと読み取ってほしい。関東地方での県外への進学を東京の大学へ進学したものとみなして説明した解答（東京には有名な大学が多いので周辺の県からたくさん人が集まるといった説明）も複数見られたが、資料から読み取れることと、自分が知っていること・推測したことを混同しないように注意したい。」とあります。

平等に教育を受ける権利を守るために

最後の問7では、憲法で保障されているはずの平等に教育を受ける権利について、実際には格差があるとして、その例を1つ挙げ、現在とられている対策について知っていることを記述させます。

中学入試問題を通して社会課題の解決について考えようという本書の主旨的には、特にこの問7に注目したいと思います。

問題文の終盤で、性別や地域や経済力によって進学率に差ができていることが指摘されています。性別と地域については、問6でもすでに具体的に考えさせています。性別による格差、地域による格差、経済力による格差のいずれかについて、現在とられている対策を挙げて、それについて知っていることを書けばいい。もちろんこの3つの観点以外にも教育に関する格差とそれに対する対策の事例を知っていれば、それを書いても構わないでしょう。

たとえば東大は、女子学生のみを対象にした家賃補助制度を設けています。これは性別による格差および地域による格差さらには経済力による格差のすべての面での改善を狙った施策といえます。これを例として挙げて、知っている限りのことを記述すれば得点になるはずです。ただし、こんなことを知っている12歳は珍しいでしょう。

経済力による格差の改善を目指す施策としては、たとえば幼児教育の無償化や高校の授業料の無償化などを挙げることができます。一人に一台ずつパソコンなどの端末を配布する「GIGAスクール」構想には、地域による格差の解消を実現する手段という側面があるはずです。有志によって運営されている無料塾の取り組みについて知っていれば、それを書いてもいいでしょう。でもこれらも、12歳の子どもにはあまりなじみのない話かもしれません。

学校が公表している解答例は「家計の面などで進学先が限られ、受けたい教育を受けることのできない人たちの数は少なくない。そのような人に対する奨学金制度の充実や、高等学校の無償化が図られている。」となっています。奨学金制度や高等学校無償化の内容まで踏み込んで説明する必要はありません。

学校からの講評は、「問題文であげられている性別面や地域面、経済面での格差のうちのどれか1つを取り上げた解答が多かったが、それに対する対策を適切にのべたものはあまり多くなかった。解答としては他に、障がい者教育をあげたものも見られた。その一方、『雇用・賃金の男女格差』や『選挙における一票の格差』など教育に直接関係のない例をあげて説明する解答もかなり見られており、出題の趣旨を全く理解していない受験生が一定数存在していたのが残念である。」と辛口だ。

中学受験をする子どもたちは総じて経済的に恵まれています。それでも、自分たちとは違う境遇にある子どもたちの存在にも想像力を働かせ、関心をもつことが普段からどれだけできているかを試している問題といえます。この解答を通して、家庭での親子の会話の質を見抜こうとしているともいえます。自分たちがいかに恵まれているかを自覚せよというメッセージも込められているかもしれません。

でも、ここがいちばん大切なのですが、知ったかぶりは禁物です。「知っていることを書きなさい」というのは、知ったかぶりや勇み足をしないで、素直に知っていることだけを述べなさいということです。社会科だけでなく、他の教科でも、そういう素直な姿勢を武蔵は重視します。

◎〈質の高い教育をみんなに〉という観点を扱っていたその他の学校

晃華学園

SDGsミニ講義③

教育もジェンダーも経済もつながっている

教育やジェンダーの問題にも、貧困や経済格差が関係していることがよくわかります。絶対的貧困だけでなく、相対的貧困の問題もあります。

ＳＤＧｓの文脈で、日本の中央官庁がいちばん力を入れているのが地方創生です。この問題はそこにも視点を当てています。

教育の格差には親の経済力が影響することもわかっているので、労働環境を整えたり、賃金格差をなくしたりしていくことは、教育格差の解消にもつながるはずです。たとえば同一労働同一賃金が実現すれば、正規雇用者と非正規雇用者の経済格差が解消します。実際これはＳＤＧｓのターゲット８・５に明示されている目標です。非正規雇用者に占める女性の割合は高いですから、それはジェンダー不平等の是正にも関係します。

この問題文で、さまざまな社会問題が実は絡み合っていることがわかります。

◎3章の問題に関連して達成すべき目標

4章

ジェンダー・ギャップ解消に何が必要か？

［問題］

3 次の文章を読み、あとの問題に答えなさい。

世界経済フォーラムが発表するグローバル・ジェンダー・ギャップ指数は、各国の男女格差を示す指標として知られています。2021年3月時点のデータでは日本の総合順位は調査対象の156ヵ国中120位となり、格差解消が遅れていると報じられました。

この指標は、政治、経済、教育、健康という4分野の平等の度合いを数値化したもので、0に近いほど不平等、1に近いほど平等を示します。グラフ1は2006年から2020年までの日本の分野ごとの順位の推移を示しています。グラフ1を見ると、2017年には1位だった健康分野が2020年には65位まで下がったことが目につくので、日本の総合順位が低い原因は健康分野のせいに見えるかもしれません。しかしながら、世界平均と日本のスコアを比べたグラフ2を見れば、X健康の順位が下がっても総合順位には大きな影響はないと判断することができます。むしろ、日本の低順位の主な原因は、世界平均を大きく下回っ

グラフ1　ジェンダー・ギャップ指数の日本の部門別順位

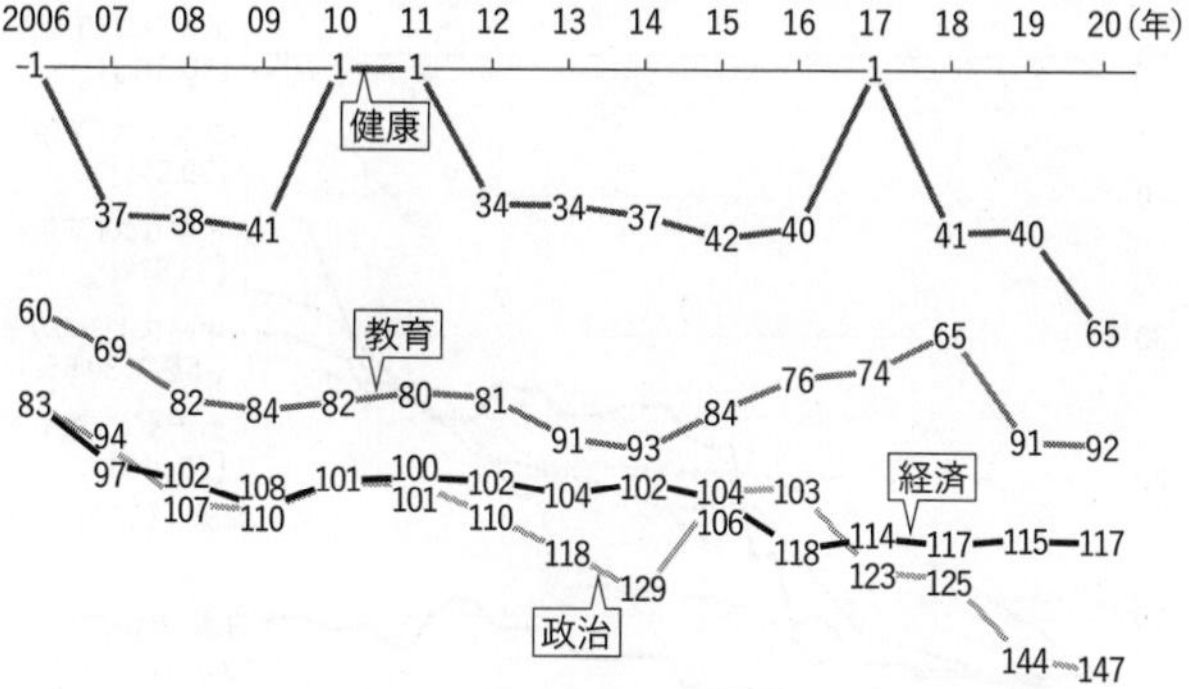

グラフ2　ジェンダー・ギャップ指数の世界平均と日本のスコア

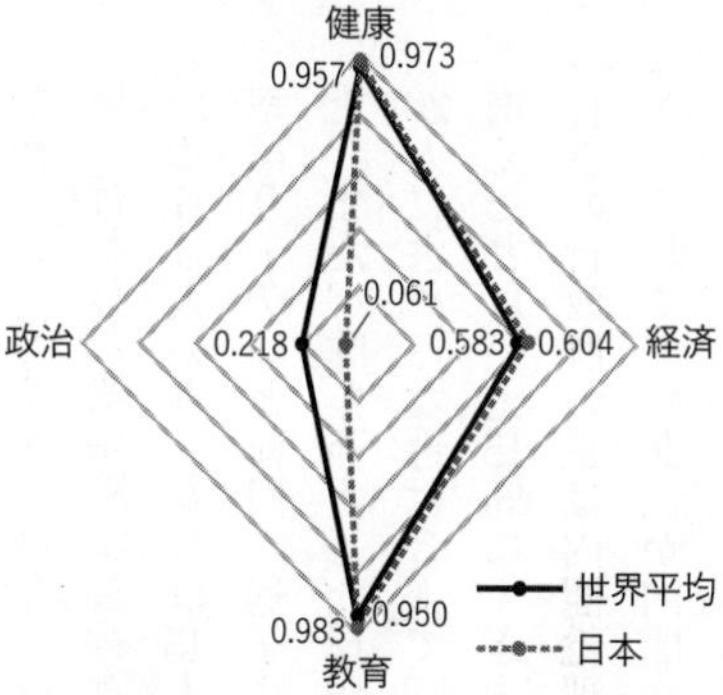

出典「Global Gender Gap Report」The World Economic Forum から出題者作成

ている政治分野であると言えます。

それでは、政治分野のスコアはどのように求めているのでしょうか。それは、「下院（日本では衆議院）の男女比」、「閣僚の男女比」、「最近50年における行政府の長の在任年数の男女比」、という3つの指標から点

グラフ３　諸外国の下院議員に占める女性の割合の推移

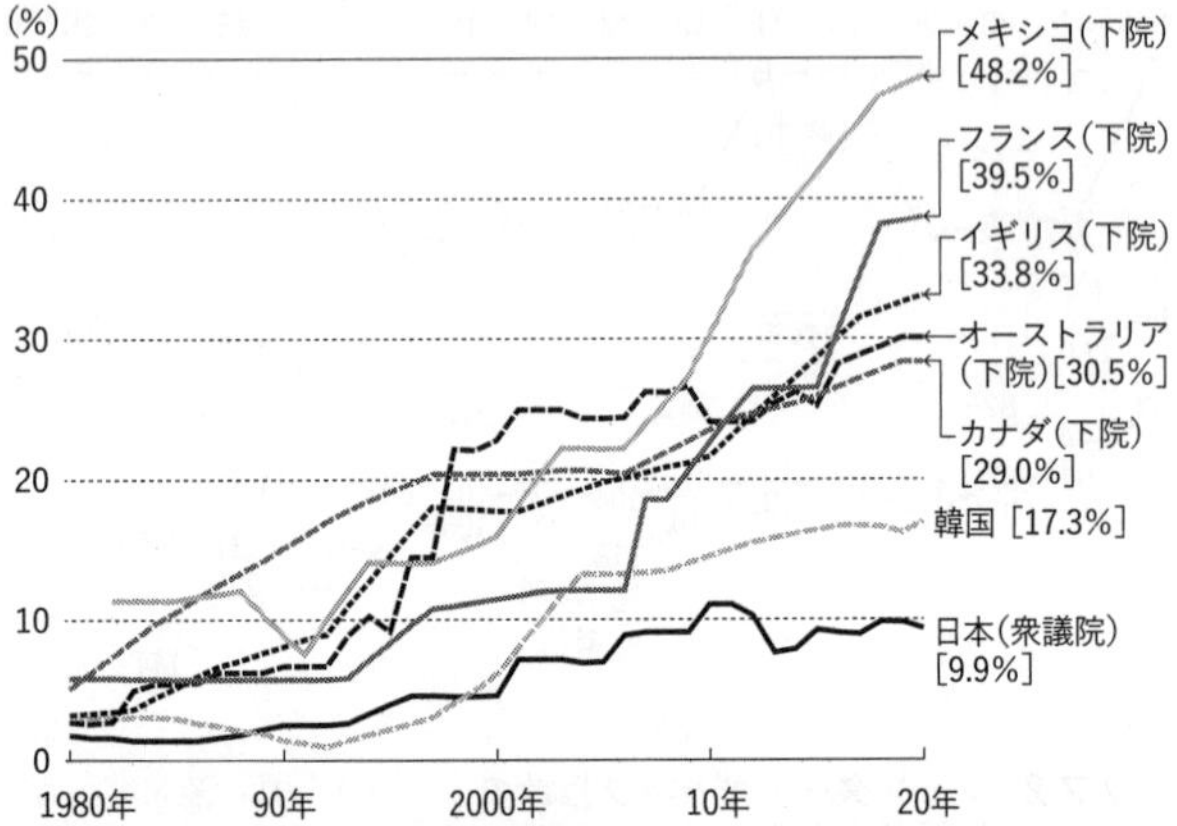

内閣府男女共同参画局『共同参画』(令和２年６月号)より引用

数化しています。昨年（２０２１年、以下同）行われた衆議院議員総選挙では、当選した４６５人のうち女性は45人にとどまり、比率は９・７％と前回の選挙よりも低下しました。また、昨年発足した岸田文雄内閣の閣僚20人に占める女性は３人で、菅内閣より１人増えたとはいえ15％にすぎません。そして、日本の行政府の長は内閣総理大臣のことですが、これまでに女性が内閣総理大臣に選出されたことはありません。都道府県知事に視野を広げても、昨年末時点における女性知事は東京都の小池百合子氏と山形県の吉村美栄子氏の２人にとどまります。

諸外国と比べてみましょう。グラフ３は１９８０年から２０２０年にかけて、下院議員に占める女性の割合がどのように変化したかを示しています。日本は２０１８年に「政治分野における男女共同参画の推進に関する法律」を制定するなど、女性の社会進出を進める取り組みを行っていないわけではありませんが、Yグラフ3を見ると、日本は諸外国と比べて取り組みが遅く、成果も乏しいと評価できるでしょう。

第二次世界大戦後、日本でも女性の参政権を保障する日本国憲法が制定されましたが、政治への女性の進出状況には大きな課題が残っています。本校の創立者・岡見清致は「女性の力が育って、はじめて国も発展していく」という思いをもっていました。現代も女子のための教育が重要であることに変わりはありません。ぜひ学び続ける意欲をもって本校に入学してください。

問12　二重下線部Xについて、なぜ健康の順位が下がっても総合順位に大きな影響はないと言えますか。グラフ2を参考にして説明しなさい。

問13　二重下線部Yについて、なぜ日本は諸外国と比べて取り組みが遅く、成果も乏しいと評価できますか。グラフ3を参考にして説明しなさい。

［頌栄女子学院中学校］

解説

男女格差の現実を改めて確認する

グローバル・ジェンダー・ギャップ指数を用いて、日本社会の男女格差について扱う問題です。

この問題文からわかるように、グローバル・ジェンダー・ギャップ指数とは、「政治、経済、教育、健康の4分野における平等の度合いを数値化したもの」です。世界経済フォーラムという団体が毎年発表しているものですが、テレビニュースや新聞では、「日本の順位が低下」や「日本は先進国の中で最低レベル」というような部分だけが報じられがちです。でもこの問題文を読めば、時系列での変化や、そもそも日本のグローバル・ジェンダー・ギャップ指数が悪い理由がどこにあるのかがわかります。

問題文は、その理由が主に政治分野における男女格差にあると訴えます。そして後半では、政治分野における女性比率について、具体的な数字とともに説明しています。政治分野における女性の進出が遅れていることはなんとなくみんな知っていても、改めて具体的な数字で示されるとハッとさせられる部分も多いのではないでしょうか。政治の話にフォーカスしていますから、**下院**（日本における衆議院）、**内閣総理大臣**、**参政権**、**日本国憲法**などの重要語句も並びます。当然そこに関連付けた、公民分野の知識を問う問題も出されています。

日本社会において、特に政治分野において、女性の力がまだ十分に活かされていない状況を客観的に確かめたうえで、「現代も女子のための教育が重要であることに変わりはありません」と訴えます。格差解消の手段としての、女子教育あるいは女子校の存在意義を訴えているわけです。

最後は「ぜひ学び続ける意欲をもって本校に入学してください」と結ばれています。「だったら入学させてください」と思った受験生も多いかもしれませんね。でも学校の意図はたぶん、「自分たちの役割を自覚して、学び続ける意欲を持ち続けなさい」です。いきなり未来の生徒たちを鼓舞しているわけです。入試は最初の授業といわれるゆえんです。

この問題文に対して、問1〜13が設けられています。ここでは問12と問13に注目します。

問12は、グラフを読み解く問題です。ただし、単純にグラフが示している事実を正確に読み解くだけでなく、健康分野における順位が大きく下がっても、総合順位には大きな影響がないからくりを見抜き、説明しなければいけません。算数的な要素もありますし、日本語の作文能力も必要です。単なる社会科の問題ではありません。

いま、中学入試には、「思考力入試」「適性検査型入試」などと呼ばれる新型入試が続々登場しています。教科という概念を取り払った教科横断型の入試です。1つの問題の中に、算数の要素も、国語の要素も、理科の要素も、社会科の要素も盛り込まれます。

それに対して、いわゆる上位校あるいは伝統校と呼ばれる学校は、そのような新型入試への取り組みが遅いと指摘されがちなのですが、たとえば頌栄のこの問題の場合、社会科という看板は掲げながらも、実は教科の枠組みを超えた問いになっているわけです。頌栄に限らず、多くの上位校ではこのような問題が昔から当たり前のように出されています。

政治分野が全体の足を引っ張っている

話を問12に戻しましょう。問題文で述べられているとおり、グラフ1を見ると、日本の健康分野の順位は2017年には1位だったのにたった3年後には65位にまで急降下していることがわかります。一方、グラフ2を見ると、健康分野の世界平均は0・957で、ほぼ1に近い数値であることがわかります。

問題文の第2段落の最初に書かれているように、この指数は0に近いほど男女の格差が大きく、1に近いほど平等に近いことを意味します。言い換えれば、男性の状況を1として、女性の置かれた状況を割合で表現しているわけです。0・957という数字は、度合いとして、女性は男性の95・7%であることを意味します。

これを見て瞬時に「健康の順位が下がっても総合順位には大きな影響はない」と言い切れるひとは、大人でも少ないのではないでしょうか。からくりは、ざっくり言うと「健康分野に関してはほとんどの国や地域が1に近いところに密集しており、スコアがわずかに下がっただけでも順位が大きく下がっているように見えるだけ」ということです。

問題文の中では触れられていませんが、4分野の平均値が総合のグローバル・ジェンダー・ギャップ指数になります。ですから個別分野の順位が大きく落ち込んでいても、スコアの実数が大きく落ちていなければ、総合の指数には大きな影響を与えません。相対的な順位に振り回されるのではなく、実数に注目せよということです。

他方、政治分野において、日本のスコアは0・061で、世界平均の0・218より0・157も低い。パーセントに換算すれば15・7ポイントに相当します。日本のグローバル・ジェンダー・ギャップ指数が低く、総合順位も低いのは、ここでの失点が大きすぎるからです。

ただし、これを論理的な日本語で表現するには、相当な技術が必要です。塾や過去問集出版社向けにつくられた学校公式の解答例を独自に入手したところ、「世界平均が0・957であり、ほとんどの国が完全に平等に近いスコアをとっているため、わずかなスコアの変化によって順位は大きく変動するが、日本のスコアそのものは高水準を保っているから。」という解答例が載っています。

平均値が上限に近いということは、そこにサンプルが集中していることを意味します。その算数的センスと高い作文力が求められています。

ちなみに、この問題の着眼点と似たことが、文部科学省が毎年行う全国学習到達度調査、いわゆる「学テ」にもいえます。新しい結果が発表されると、「わが○○県の学力は、全国で○位だった」とか「○○県のスコアは全国平均よりも低かった」などと報道されますが、あれもナンセンスなんですよね。47都道府県のスコアは平均点前後にほとんど密集していますす。ちょっとしたスコアの違いで順位は大きく変動しますが、だからといって子どもたちの学力に大きな違いがあるわけではありません。順位に一喜一憂すべきではないんです。あの結果を読み解くとき、むしろ大人の学力が試されているような気がします。

世界各国は1990年代に気づいていた

問13もグラフを読み取る問題です。日本の取り組みが諸外国に比べて、「遅く」て「成果に乏しい」といえることの根拠を、グラフの中に見つけなさいということです。

1980年の時点ではどこの国も似たり寄ったりの数値です。でも、1990年代から日本以外の国の多くの折れ線グラフが急勾配になっているにもかかわらず、日本は同じ時点でも微増程度です。これが「遅れ」を示す根拠となります。一方、最新の2020年の数値を見ると、多くの国が30％前後を示しているのに対して、日本は9・9％と、この集団の中ではダントツの最下位です。これが「成果に乏しい」の根拠になります。

「1980年時点では比較対象の多くの国も**女性議員の比率**が10％未満であり、日本と大きな差はなかったが、1990年代には上昇をはじめ、現在では30％を超える国も多くなっているから」が学校公式の解答例です。説明の仕方はほかにもいろいろあると思います。直近の数値の比較と、グラフの傾きの変化のタイミングに触れて説明できていれば、得点できるはずです。

いずれの問題も、事前の知識を問うというよりは、その場で与えられた資料や統計を読み取り、現実社会と照合する能力を問うている問題です。中学入試にはこのような問題がよく出されます。

もちろん、同じ問題文に絡めて、知識を問う問題も出されています。

たとえば、問10では女性の参政権獲得のために尽力した活動家・**市川房枝**について聞いています。4つある選択肢のうちのどれが市川に関する正しい記述かを問う形式です。

選択肢「イ」には、雑誌「青鞜」が出てきますから、これは**平塚らいてう**についての記述であることがわかります。「ウ」には「津田塾」が出てきますから、これは**津田梅子**についての記述であるとわかります。「エ」には有名な詩の一節が出てきますから、**与謝野晶子**のことだとわかります。残された選択肢の「ア」には、これが市川のことだと確定する要素が乏しいのですが、消去法で「ア」が正解だとわかります。

一方、たとえば、問2は、**タリバン政権**が女性差別を行っていることを取り上げ、その国の名前を答えさせます。正解はもちろん**アフガニスタン**です。知っていなければ答えられない問題ですが、教科書で覚えたというよりは、ニュースや新聞を見ているかという日ごろの態度を試す問題だといえます。家庭の中で、社会問題に関心をもち、それを親子で話し合うような習慣があるかどうかを、透かしてみようとしているわけです。

◎〈ジェンダー〉に関する出題があったその他の学校

開成、慶應湘南藤沢、自修館、芝、昭和秀英、法政二、明大明治、麗澤、和洋九段

SDGsミニ講義④

森喜朗元首相も取り残してはいけない

ジェンダーの問題は、東京オリンピックに関連した森喜朗元首相の問題発言に象徴されるように、日本ではとても深刻です。特に政治や経済の分野で遅れが目立ちます。背景にはきちんとしたジェンダー教育が行われてこなかったことがあると思います。私自身が子どものころは、男の子は技術、女の子は家庭科というように、性別によって学校で学ぶことが違っていたくらいです。

若いひとたちはジェンダーに関して高い意識をもっていると感じます。でも、問題は上の世代。失言したひとを辞めさせておしまいではなくて、昔とは違うということをわ

かってもらわなきゃいけない。

ＳＤＧｓの大事な理念として、「だれ一人取り残されない」があります。森喜朗さんも、社会として、取り残してはいけないんです。この先もこの社会で生きていくんですから。そういう意味では再教育の必要があります。

ジェンダーの問題は、働き方や貧困などいろいろな課題に関係しています。逆にいうと、ジェンダーを切り口にすれば、いろいろな課題にアプローチできます。一方で、人々の価値観や暮らし、文化に大きく関わる問題でもあるので、それを解決するのは一筋縄ではいきません。

たとえば制度として育児休業のしくみを整えることはできたとしても、人員補充や職場の人々の心証という側面での環境が整わないと、実際には制度を利用しにくい状況が続きます。

いちど職場を離れると戻ってきづらいという日本の職場の閉鎖的な風習も変えていく必要があります。その点でいうと、同じ職場に戻るだけではなくて、雇用の流動化が進むことで、１つの職場に縛り付けられない生き方が可能になったり、職場に多様性をもたらしたりする効果が期待できるのではないかと思います。

◎4章の問題に関連して達成すべき目標

5章

技術革新は
暮らしを豊かにするのか？

【問題】

1 次の文章を読み、後の問いに答えなさい。

もうすぐ21世紀の4分の1を迎えようとしている現在、自然環境に対する意識を持ちつつ経済活動を行うことは当然のこととなりました。一方で経済をとりまく環境も大きく変化しています。こうした中、改めて「持続可能な社会」に注目が集まっています。ここでは、エネルギーとさまざまな産業に注目してみましょう。

人類とエネルギーとの関係を歴史的に考えた際、最初の「エネルギー革命」といえるのが、火の使用です。火によって、狩猟《しゅりょう》・採集で獲得した食料の新しい調理法がうまれ、また粘《ねん》土《ど》を焼いて土器などをつくれるようになりました。さらに、火で暖をとることが可能となり、寒冷な地域への人類の移住もうながされました。

農耕は、人類と自然環境との関係性を大きく変えました。農耕は太陽光、水、空気中の二酸化炭素を利用した植物の光合成機能の活用といえます。農耕により、貯蔵したエネルギーを多くの人に分配することが可能となり、人口が増大し、分業にもとづく社会が発展していくことになりました。

農耕と関連して、家畜の利用がすすみ、農業生産力の向上につながりました。土を深く耕すという点では鉄製農具が重要で、火を利用した金属の精錬《せいれん》技術によって開発がすすみました。他方、こうした鋭利《えいり》な道具は、森林資源の伐採を助長することにもなりました。また、人力や畜力以外のエネルギーとして、人類は、古くから水力や風力を利用してきました。古代ローマでは水車自体は知られていたものの、奴隷の労働力が豊富にあったため、中世ほどは活用されませんでした。ところが、時代が下るにつれて、⑪労働力不足も背景となって技術革新がすすみ、水車が重要な動力として位置づけられ、穀物をひく製粉などに活用されました。

人類史において、ふたたび大きな「エネルギー革命」となったのが、石炭の利用とそれにともなう蒸気機関の技術革新でした。最初の「産業革命」を展開したイギリスでは、安価な労働力が求められるようになり、女性や子どもも⑬長時間労働に従事させられました。当時の工業社会において、環境問題に対する配慮《はいりょ》が不十分であったのと同様、労働者の権利を守るための法規制も不十分だったのです。後者については、やがて工場法が制定され、労働時間の短縮などがすすめられていきました。

江戸時代の日本では石炭利用がすすみました。幕末におけるペリー率いる黒船の来航を、エネルギーという観点からとらえてみると、日米和親条約の第2条で、アメリカ船に薪水《しんすい》、食料とならんで石炭を供給することが定められているのに気づきます。また、明治維新後の近代日本の産業とエネルギーの関係を考えるうえでは、世界遺産の「明治日本の産業革命遺産　製鉄・製鋼、造船、石炭産業」が参考になります。

さらに革新的な「エネルギー革命」となったのが、石油の利用です。石油の商業生産は19世紀後半のアメリカで始まりました。その後、電気や石油も利用した「産業革命」が展開しました。ガソリンを燃料とする自動車は19世紀末には開発されていましたが、その時点ではまだ蒸気自動車や電気自動車が多く生産されていました。電気自動車の製作者の中にはガソリン車の煙の害を説き、クリーンエネルギーを提唱した人もいたのです。しかし、その後はガソリン車が普及して自動車市場を支配します。

こうした石油需要《じゅよう》の増大にともない、欧米諸国は中東やアフリカなどの各地で石油開発に乗りだし、20世紀なかばには石油がエネルギーの主役になりました。石油は、自動車以外にも、船や飛行機などの燃料のもととなり、現代の生活に欠かせないものといえます。ところが、1970年代に生じた石油危機（オイルショック）の歴史的経験からわかるように、エネルギーが常に安定して供給されつづけるという固定観念にはリスクがともないます。石油危機後、日本でも脱《だつ》石油政策がとられ、原子力発電所の建設が加速していくことになりました。しかし、2011年3月の東北地方太平洋沖地震に伴い福島第一原子力発電所で発生した事故は原子力利用に関する課題を人々に突きつける結果となりました。さまざまなエネルギーシステムには、それぞれ長所と短所があるのです。エネルギーの消費者である私たち一人ひとりが、広い視野からエネルギー問題に関心をもち、地球との共生を考えていくことが求められています。

問11　下線部⑪について――。

労働力不足を補う技術革新は現在でも進んでいます。その例として**適切でないもの**を、次のア～エの中から1つ選び、記号で答えなさい。

ア　回転ずしチェーン店の入り口に、利用客が来店時に受付するための機械が設置されている。

イ　飲食店では新型コロナウイルス感染症の感染予防措置《そち》として、高性能の空気清浄機が設置されている。
ウ　鉄道の主要駅には、交通系ＩＣカードをかざすだけで通過できる自動改札機が設置されている。
エ　配送業者の倉庫には、宅配物を配送先ごとに仕分けしてくれるシステムが導入されている。

問13　下線部⑬について――。
最近の日本では「働き方改革」が進められています。その影響を受けて起きた出来事を説明した文章として**適切でないもの**を、次のア～エの中から1つ選び、その記号で答えなさい。
ア　最近のコロナ禍による感染拡大への懸念《けねん》も加わり、通勤をやめて自宅からリモートで仕事を行うテレワークを選ぶ人が増えた。
イ　文部科学省が始めたツイッター「#教師のバトン」というプロジェクトには、教員の長時間労働を訴える悲痛な叫《さけ》びが寄せられた。

ウ　働く時間を固定せず、自分の都合に合わせて仕事の開始や終了などの労働時間を決められるフレックスタイム制が強化された。

エ　正社員と非正規雇用労働者の雇用《こよう》条件に厳格な差を設け、同一の労働であっても両者が同一の賃金とならないようになった。

［浅野中学校］

［解説］

人類はいかにしてエネルギーを調達してきたか

人間がエネルギーを調達する方法の変遷について、人類史の視野で簡潔にまとめられた問題文です。歴史の教科書では時代ごとに説明されてしまっているためにつながりがわかりにくい事柄の全体像を把握するのに便利な文章ともいえます。

農耕を「植物の光合成機能の活用」と換言したり、土を深く耕すのに便利な金属製の鋭利な道具が一方で「森林資源の伐採を助長」したとするなど、ユニークな視点を与えてくれる表現がところどころに出てきます。19世紀末の時点で、ガソリン自動車と蒸気自動車と電気自動車がすでにあり、**クリーンエネルギー**を提唱するひともいたという記述には驚かされました。最後は当然、**原子力発電**の話になります。

産業革命が、環境問題だけでなく**児童労働**や**長時間労働**という新たな問題を招いたことにも触れています。大きな動力を得ることで、人間の仕事が楽になるのかと思いきや、逆にますます忙しくなり、さらに多くの労働力が必要になるというのもまた、人類がくり返してきた技術革新の歴史です。その法則に従うのなら、ＡＩの登場によって、人間は仕事を奪われるのではなく、むしろますます忙しくなるのだろうと思います。

この味わい深い問題文をじっくり読みたいところですが、設問数が多いので、受験生はどんどん答えていかなければなりません。この問題文に対して問1～23が設定されています。

問1～23には、歴史に関する問題も、**温室効果ガス**に関する問題も、人口問題も、労働者の権利に関する問題も、原子力発電に関する問題も含まれていますが、ここでは、**少子高齢化**にともなう労働者不足に関連する問11と問13に注目します。

駅の改札にひとがいたことを知らない!?

問11は、労働力不足を補う技術革新の例として適切でない選択肢を1つ選ばせる問題です。新型コロナウイルス感染症の感染予防措置として高性能の空気清浄機を使用することは、技術革新ではあるかもしれませんが、人間の労働力不足を補う目的ではありませんから、「イ」が正解です。

大人はもちろん、浅野に合格する受験生のなかでこれを間違える子どもは少ないと思われます。しかしこの問題の肝は、4つの選択肢のうち3つは、労働力不足を補うための技術革新の例だということです。逆に、「技術革新で労働力不足を補っている例を挙げなさい」という問題が出たときにこれらの選択肢がその答えになるということです。

ですから受験生として過去問を解くならば、正解して喜ぶだけでなく、残り3つの選択肢の文章を読んでその状況をイメージしながら、それらが労働力不足を補う技術革新の例であることを理解する必要があります。要するに機械化ということなのですが、逆にいえば、もともとは人間がどのようにその仕事を行っていたのかをイメージできなければなりません。「ア」の飲食店での受付や「エ」の仕分け作業は、いまでも人間がやっている場面を見ることがあるので、小学生でもイメージしやすいかもしれません。一方で、駅の改札で、紙の切符にハサミを入れてもらうという経験は、いまの12歳はほとんどしたことがないはずです。自動改札機によって、どんな仕事が機械化されたのかがイメージできない可能性があります。「お母さんやお父さんが子どものころは、駅の改札の1つ1つに駅員さんがいて、金属製のハサミでリズム良く1枚1枚紙の切符に切り込みを入れてくれていたんだよ」というような話を親子でしたことがあるかどうかが正答率の違いになっている可能性があります。

働き方改革関連法で何が変わった？

問13は、「長時間労働」の解消について、いわゆる「**働き方改革**」の文脈で起きた出来事として不適切な選択肢を選ばせる問題です。

2018年に公布された「**働き方改革関連法**」については中学受験勉強のなかでも触れます。時間外労働の上限規制、勤務時間インターバル制度の導入、有給休暇の確実な取得、労働時間状況の客観的把握、フレックスタイム制の導入、残業代の引き上げ、産業医・産業保健機能の強化、そして同一労働同一賃金が、法律の主要なポイントです。

「ア」は**テレワーク**についての記述です。きっかけは新型コロナウイルスの感染拡大でしたが、結果的に働き方改革の文脈にも合致します。「イ」の「**#教師のバトン**」は文部科学省がSNS上で始めたキャンペーンです。もともとは、現役の教師たちに教員という仕事の魅力を発信してもらう目的でこのハッシュタグ（目印）を設定しましたが、蓋を開けてみると、長時間労働を訴える悲痛な叫びで埋め尽くされました。教員の長時間労働を解消しなければいけないという問題意識から起きたことといえます。「ウ」の**フレックスタイム制**の導入はまさしく働き方の多様性を実現するための施策です。

リモートやテレワークという言葉はコロナ禍で子どもたちでも聞いたことがあると思います。しかし会社で働いた経験のない子どもたちにとってフレックスタイム制という言葉は理解しにくい概念でしょうし、ましてや#教師のバトンというハッシュタグについては知らない子どもも多いでしょう。ただし、選択肢にあるそれぞれの説明を読めば、それらの言葉が意味することはだいたい推測できるはずです。言葉の意味を知っているかどうかを試しているわけではないのです。

よって、正解は「エ」。正社員と**非正規雇用労働者**の格差を助長することは働き方改革と矛盾しますし、そもそも表だってそのようなことを推進する動きは存在しません。

同一労働同一賃金の実現は喫緊の社会課題

同一労働同一賃金は、簡単にいえば、同じ仕事をしているなら、雇用形態が正規だろうが非正規だろうが同じ給料を払おうということです。多くの先進国では、会社の枠組みを超えて職種ごとに賃金基準が決められていますが、日本では会社の中での同一労働同一賃金という意味合いで捉えられているケースが多いのが実状です。

厚生労働省のホームページには「同一労働同一賃金の導入は、同一企業・団体におけるいわゆる正規雇用労働者（無期雇用フルタイム労働者）と非正規雇用労働者（有期雇用労働者、パートタイム労働者、派遣労働者）との間の不合理な待遇差の解消を目指すものです」とあります。

そもそも多くの先進国では基本的に、正社員と非正規雇用という区別がありません。日本で非正規雇用といえば、アルバイトまたはパートタイムと呼ばれる雇用形態、有期労働契約を結んだ**契約社員**、または**派遣社員**という雇用形態のことを指します。

再び厚生労働省のホームページによれば、２０２１年の日本の労働市場における非正規雇用者の割合は36・7％。非正規雇用者の内訳は、パート49・3％、アルバイト21・2％、派遣社員6・8％、契約社員13・3％、嘱託5・4％、その他4・0％です。

法律上ではアルバイトもパートタイムも同じです。アルバイトは学生や若者を対象にした募集で、パートタイムは主婦・主夫を対象にした募集で使われる傾向があります。

アルバイト・パートタイムや契約社員は、会社から直接雇用される形ですが、派遣社員は派遣会社から雇用されている形式です。正社員と同じ給料を派遣社員に支払ったとしても、そのうちおよそ3割は派遣会社のものとなってしまうので、結果として同じ仕事をしていても、正社員と派遣社員の手取りには大きな格差が生まれます。それがいわゆる**ワーキングプ**

アのような状況を生み出しています。さらにはコロナ禍で、**派遣切り**という言葉も聞かれるようになりました。数カ月単位の契約を更新してもらえなければ、派遣社員は会社都合で簡単に職を失うのです。

派遣社員という制度自体、世界的に見て珍しいものです。右記のような人道的な問題を構造的にはらんでいるからです。日本では1986年に**労働者派遣法**が施行され、人材派遣が可能になりました。当初は一部の専門職に限っての解禁でしたが、1996年には対象業種が26に拡大。1999年には原則自由化されました。

人材派遣が解禁されて、さらに規制緩和が行われましたが、格差社会を助長したため、現在は規制強化の方向に進んでいるというのが、大きな流れです。

浅野という学校は**京浜工業地帯**を見下ろす丘の上にあります。京浜工業地帯の埋立事業を成し遂げた実業家が、浅野の創立者の浅野總一郎です。日本でも急速に重工業化が進んだ大正時代において、浅野は産業を支える人材育成の必要性を痛感していました。そこで、普通科の学校ではなく、商業科や工業科、農業科、水産科などを擁する職業教育を兼ね備えた学校としてつくられました。

技術革新によって人手不足を補うことも、働き方改革によって労働者の権利を守ることも、浅野という学校のなりたちに密接にかかわるテーマなのです。

◎〈働き方改革〉に関わる出題があったその他の学校

春日部共栄

SDGsミニ講義⑤

地球のたくわえを使うだけではもうだめ

人類はこれまでもエネルギー変革を何度も経験しているのだから、今後も可能だという希望が見えてくる問題文でした。

特に太陽光、風力といった再生可能エネルギー、あるいは循環型エネルギーに触れているわけではありませんが、新たなエネルギーを考えることは、人類の歴史上初めてのことではありませんし、極めて自然なことだと気づかせてくれます。

石炭を使うようになったエネルギー革命以降、人類は地球がため込んでいたエネルギーを使わせてもらうことで繁栄しました。でもここから先は自分たちでエネルギーをつくりなさいと、地球から迫られているわけです。そのシグナルが気候変動です。

そこで人類はたとえば原子力発電という技術も生み出しました。膨大なエネルギーをつくることができます。その活用の可能性も考えていいと思います。ただし、ＳＤＧｓの観点から考えると、廃棄物の問題や災害の問題が残ります。そこをクリアできるのであれば、原発も使えるようになります。

◎5章の問題に関連して達成すべき目標

6章

原発のジレンマを乗り越えるには?

〔問　題〕

3　次の文章を読み、問いに答えなさい。

第二次世界大戦後から今日までの、日本の原子力政策の流れを見てみましょう。

1950年代に「原子力利用は平和目的に限る」とする原子力基本法が議員立法で成立し、原子力発電の開始が始まりました。日本の経済成長に伴《ともな》って電力の需要《じゅよう》が高まり、原子力発電所が建てられていきました。1970年代に2度のオイルショックが起こると、石油の代わりとなるエネルギーが求められ、原子力への期待は高まりました。

1970年代末以降、世界や日本で原子力発電に関わる重大な事故が起こりました。しかし、世界全体で地球温暖化に対する問題意識が高まるなかで、温室効果ガスを排出《はいしゅつ》しないクリーンなエネルギーとして、原子力発電は注目され続けました。日本でも、2009年の衆議院議員総選挙の結果成立した民主党を中心とする連立政権が、総発電電力量に占《し》める原子力発電の割合を高める方針を掲《かか》げました。

しかし、2011年に東北地方太平洋沖地震の影響《えいきょう》で福島第一原発事故が発生すると、日本の原子力政策は大きな見直しを迫《せま》られ、(f)2012年には原子力規制委員会が設置されました。民主党は「『原発ゼロ社会』を目指す」としましたが、その後、「原発ゼロ」を事実上撤回《てっかい》することになりました。

2012年に政権交代が起こり、自民党と公明党の連立政権が成立しました。2021年に閣議決定されたエネルギー基本計画では、脱炭素《だったんそ》社会の実現に向けた電源の一つとして、原子力の活用が掲げられています。

今後も原子力政策の動向に注目する必要があります。

問6　下線部(f)について。電力会社が保有する原子力発電所を運用する仕組みは、2012年に改められました。【資料3】は、その仕組みの変化を簡単に表したものです。以前は、経済産業省に置かれた資源エネルギー庁が推進を行い、原子力安全・保安院が規制を行ってきました。現在は、環境省の外部に置かれた機関として、原子力規制委員会が内閣や他の行政機関から独立して設置されています。

原子力規制委員会が内閣や他の行政機関から独立して設置されているのは何のためか、「原子力発電所の規制を〜ため。」の形式に従って説明しなさい。

問8　これまで、日本の原子力政策は、主に行政府や電力会社、原子力の専門家などを中心に進められてきました。

　一方、原子力発電所である東海第二発電所が立地する茨城県の東海村では、近年、【資料4】のような会議が行われるようになりました。この会議の参加者は、東海第二発電所について考え、話し合います。この会議は2020年12月に第1回が開催《かいさい》されてから、複数回行われてきました。

資料3

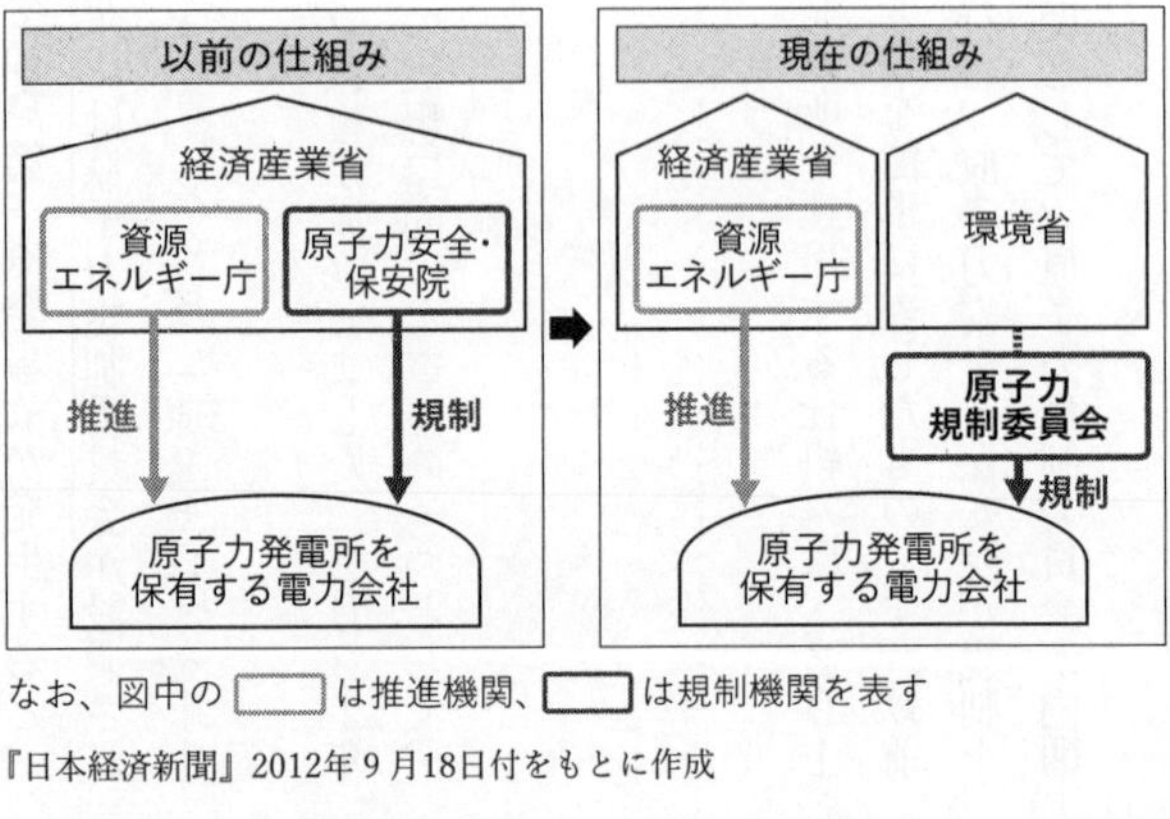

なお、図中の □ は推進機関、□ は規制機関を表す

『日本経済新聞』2012年９月18日付をもとに作成

資料4　東海村で行われている会議

・有権者の名簿から抽選《ちゅうせん》で選ばれた東海村の住民が参加者となり、東海第二発電所のあり方やそれに関する問題について自由に話し合う。
・それぞれの参加者の主張や立場を理解しながら、具体的な問題の解決に向けて、「個人でできること」や「地域でできること」から考える。

（東海村公式ホームページをもとに作成）

この会議は、東海第二発電所を稼働《かどう》するべきかどうかを決めたり、民意を測《はか》ったりすることが目的ではありません。しかし、この会議は、参加者にとって、ある重要な意味を持っています。それはどのような意味か、以下の〔条件〕に従って、考えて答えなさい。

〔条件1〕　参加者が、東海第二発電所のあり方やそれに関する問題を、どのように捉《とら》えるようになると考えられるか、【資料4】に触れて答えること。
〔条件2〕　参加者が、会議に参加した後に起こすと予想される行動の例を、具体的に1

つ挙げること。

［鷗友学園女子中学校］

【解説】

原子力政策の変遷が概観できる

日本の原子力政策の変遷が概観できる問題文です。これを読むだけで勉強になりますよね。2012年に民主党政権下で**原子力規制委員会**が設置され、原発ゼロ社会を目指すことが掲げられましたが、その後、事実上撤回され、2014年に自民党政権下では**エネルギー基本計画**がまとめられています。

問題文の終盤に「**脱炭素社会**」というキーワードが出てきます。これは中学入試社会科の重要語句の1つです。中学入試の社会科では、そのときどきの世相や課題を端的に表現するシンボリックなキーワードがたびたび登場します。脱炭素社会に近いところでは、「**パリ協定**」や「**カーボンニュートラル**」も頻出です。

パリ協定とは、2015年12月、フランスのパリで開催された第21回国連気候変動枠組条約締約国会議（COP21）で採択された、2020年以降の温室効果ガス排出削減等のための国際枠組みのことです。

「世界的な平均気温上昇を工業化以前に比べて2℃より十分低く保つとともに、1・5℃に抑える努力を追求すること（2℃目標）」「今世紀後半に温室効果ガスの人為的な発生源による排出量と吸収源による除去量との間の均衡を達成すること」などが世界共通の目標として合意されました。

1997年に採択されたいわゆる京都議定書の後継となるものでした。しかし、2019年11月にはアメリカのトランプ大統領がパリ協定からの離脱を宣言し、世界を唖然とさせたことは記憶に新しいでしょう。

カーボンニュートラルは、温室効果ガスの排出量と吸収量を均衡させることを意味します。具体的には、二酸化炭素をはじめとする温室効果ガスの排出量から、植林・森林管理などによる吸収量を差し引いて、合計を実質的にゼロにすることを意味します。

カーボンニュートラルに関連しては、2022年7月から、岸田政権下で「GX（グリーントランスフォーメーション）実行会議」が開催されています。グリーントランスフォーメーションとは、産業革命以来の化石燃料中心の経済・社会、産業構造をクリーンエネルギー中心に移行させ、経済社会システム全体を変革する取り組みです。実体は原発推進のための会議体であるとの見方もありますが、今後の入試に出てくるかもしれません。

またたとえば、東京の東急電鉄は2022年4月から、全線で再生可能エネルギー由来の電力100％での運行を開始しており、これがカーボンニュートラルにつながるとしています。東急電鉄グループは東京都市大学付属中高や東京都市大学付属等々力中高を擁しており、そのような学校では、カーボンニュートラルに関連する入試問題が出されてもおかしくありません。入試問題には、創立者の遺志や学校の歴史的背景が強く反映されるものだからです。強く入学を希望する学校であれば、そのなりたちやあゆみについてもしっかり理解しておきたいものです。

この問題文に対して、問1〜8が設けられていますが、ここでは問6と問8に注目します。

原子力規制委員会の立ち位置

問6の問題文も勉強になります。原子力規制委員会が発足する前は、経済産業省の中に置かれた資源エネルギー庁が原子力発電の推進を行い、原子力安全・保安院が規制を行っていたと書かれています。つまり推進する立場の組織と規制する立場の組織が同じ屋根の下にいたということです。

しかし現在の原子力規制委員会は、経済産業省の中ではなく、環境省管轄でありながら組織的には環境省から独立した組織として運営されています。原子力を推進する立場である資源エネルギー庁は、依然、経済産業省の中にあります。

なぜ2012年の民主党政権は、原子力を規制する立場の組織を、内閣や他の行政機関から独立させたのかというのが問6の主旨です。

組織の力学をよく知っている大人であれば、答えの方向性は簡単にわかるでしょう。「だって、ほら、同じ組織の中で仲間同士で推進と規制をしていたら、議論がなあなあになっちゃうだろ」というわけです。これを、「原子力発電所の規制を～ため」という形で解答しなければいけません。

学校が公開する解答例は、「原子力発電所の規制を内閣や他の行政機関からの介入を受けずに行うため。」です。問題文に「内閣や他の行政機関から独立」という表現があります。その「独立」の狙いが「介入を受けず」であることが理解できていれば正解となります。

良くも悪くも組織の力学に慣れ親しんだ大人であればなんでもない問題ですが、大人の力学を知らない12歳の子どもだと、たとえば経済産業省から環境省へと管轄が移ったことに気をとられてしまい、「原子力発電所の規制を環境保全政策の観点から推進するため」などと答えてしまう可能性があります。

では、「組織って、そういうもんだろ」という大人の理屈が通じない子どもに対して、この利益相反関係を説明するにはどうしたらいいでしょうか。まさか、「同じ組織の中で喧嘩するわけにいかないから、適当なところでお互いに忖度《そんたく》するもんなんだよ」なんて理屈で説明するわけにはいきませんよね。

中学入試の文脈から最もわかりやすい例を引いてくるなら、**司法権の独立**でしょう。なぜ三権分立という考え方があるのか。利害が反する組織はそれぞれ独立性が守られていなければいけないという原則は、中学受験生たちならみんな知っています。それと似た構造だと説明することは可能です。

地方自治における原子力政策議論

問8の問題文もこれだけで勉強になります。**東海第二発電所**は、茨城県那珂郡東海村に位置する、首都圏唯一の原発です。1979年に放射性物質を含む蒸気漏れを起こしています。2010年には放射性廃棄物を処理する配水管の誤接続が見つかっています。ちなみに東海第一発電所は構造上コスパが悪かったために1998年から廃止措置工事が行われています。

日本の商業用原子力発電所では初めてのことでした。

問題文を読むと、東海村で２０２０年から住民参加型の会議が開かれていることがわかります。資料４からはそれが、抽選によって選ばれた住民が参加して、具体的な問題の解決に向けて自分や地域にできることを考える会議であることがわかります。

しかしこの会議の目的は、原発稼働の判断をしたり民意を測ったりすることではなく、別のある重要な意味があると問題文は述べています。その意味を答えさせます。

２つの条件を満たす形で解答しなければいけません。ただしこの場合、条件が課されるとはいっても、問題の難易度を上げているわけではなくて、むしろ解答をしやすくする補助線として、条件が設定されています。要するに、資料を踏まえて、原発に対する住民のとらえ方がどう変わるか、そしてその後住民がどんなアクションを起こすと考えられるかの２点について答えなさいということです。資料にも２つのことが書かれていますから、そこにちょうど合致するわけです。

ポイントは、「参加者が抽選で選ばれる」ことと、「参加者が具体的にできることを考える」ことです。

抽選ですから、もともと原発政策に高い関心があるひとたちが集まるわけではありません。

むしろ無関心だったひとも参加することになるでしょう。さらに、第三者的に原発を論じることと、自分たちにできることを具体的に考えることでは何かが違ってくるはずです。

学校が公開する解答例は「参加者が抽選で選ばれることで、東海第二発電所について、この問題にもともと関心のある人だけでなく、これまで関心のなかった人も、自分に関わることとして捉えるようになる。それにより、自分たちで東海第二発電所についての勉強会を開くという行動につながる。」です。

後半の「自分たちで勉強会を開く」というのは、たとえば「地域の住民で、他の原子力発電所を擁する自治体住民と意見交換する」とか「個人で海外の原子力政策について調べるようになる」とかでもいいはずです。

中学受験の社会科では「**地方自治は民主主義の学校**」というのも当然のこととして学びます。東海村の会議はその実践といえます。抽選によって参加者を決める点は**裁判員制度**とも似ています。そういう大きな枠組みで知識を結びつけていくと、社会科の知識が単なる知識ではなく、社会のしくみを理解する理論体系になっていきます。

ところで、問題文で会議の名称が出てこないことが気になりませんか。そこで東海村のホームページを見てみると、「東海村〝自分ごと化〟会議～〝原発問題〟を自分のこととして考える〜」」についての記述が見つかりました。会議名そのものが解答のヒントになってしまうから、問題文では名称を伏せたのでしょう。

問6の舞台は中央官庁です。問6では、意思決定における推進する組織と規制する組織の二項対立的な構造に焦点を当てていました。しかし問8の舞台は地方自治です。問8では、二項対立に陥らない建設的な話し合いの場を設けることで、社会的合意形成の土壌を豊かにしていく地道な取り組みを取り上げていました。視野が広くバランスのいい問題です。もちろんそんなことまで気づけとは誰も12歳には求めませんが。

◎〈カーボンニュートラル〉に関する出題があったその他の学校

大妻、学芸大世田谷、神奈川大附属、慶應湘南藤沢、帝京大中、東京都市大付

◎〈脱炭素社会〉に関する出題があったその他の学校

桜蔭、共立女子、日大豊山女子、日本女子大附

◎〈温室効果ガス、二酸化炭素〉に関する出題があったその他の学校

青山学院横浜英和、大妻、慶應湘南藤沢、城北、聖園女学院、横浜共立

◎〈再生可能エネルギー〉に関する出題があったその他の学校

かえつ有明、國學院久我山、中央大横浜、桐蔭学園、東京都市大付、桐光学園、法政大中、山手学院

SDGsミニ講義⑥

原発はまだサステナブルではない

震災の話が出てきます。災害があると社会が止まってしまう、つまり災害は持続可能性を著しく低下させる最たるものです。パンデミックを含む災害への対応はSDGsを考えていくうえでも非常に重要な課題です。

SDGsのなかには「レジリエンス」というキーワードが頻出します。強靭さと訳されることもありますが、本来は元に戻る力ということです。そのことを前提にした社会

づくりについて考えさせる入試問題だと言えます。

また、この問題文では、原子力発電についても触れられています。実はSDGsでは、直接的に原子力発電についての言及はありません。

エネルギーや気候変動という文脈では、SDGs的にも原子力発電には期待が寄せられます。一方で、レジリエンス、つまり復興可能性という意味で原子力発電には大きな課題が残されています。また廃棄物の問題も未解決のままです。いまの段階では、原子力発電はまだサステナブルとはいえません。

問6は非常に重要なことを指摘しています。SDGsにはルールがありません。そのぶん、フォローアップとレビューが重要です。そのためには客観性が必要です。だからSDGsのレビューは、客観的数値を用いたり、独立した科学者にお願いしたりしています。

日本ではオリンピック関連のレビューも身内で行っていますよね。なんとなくそれでごまかそうとしている。それでは品質管理はできません。

また、問8で取り上げている東海村の会議の事例も重要です。サステナビリティーを考えるうえでは、早い段階でさまざまな声を聞き入れることが大切です。みんなが大賛成する結論を出すことは難しくても、みんながそれぞれに関わって、考えて、意見を述べたうえで決まったことなら、みんなが協力しようと思えるわけです。そういうふうに形成していくのがコンセンサスというものです。ＳＤＧｓ自体がそうやってつくられたものです。

◎6章の問題に関連して達成すべき目標

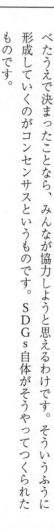

7章

「しわ寄せ」を他国に押しつけていいのか？

［問　題］

◆次の文章を読み、問に答えなさい。

新型コロナウイルス感染症《かんせんしょう》の影響《えいきょう》により、人の移動が大幅《おおはば》に制限される期間が長く続いています。人の動きが制限されたために、インターネット注文の件数がさらに増し、宅配便の利用など日常生活での物流の重要性を意識するようになった人も多いと思います。

現代の日本において、迅速《じんそく》で安全な物流が可能になる背景には何があるのでしょうか。

中国《ちゅうごく》の工場で製造された商品の原材料は、東南アジアなど他国から調達されている場合があります。その中国製造の商品は、大阪《おおさか》の貿易会社が輸入し、インターネット注文をした東京の消費者に、宅配業者が指定時間通りに届けてくれます。原材料などの資源の確保や運搬《うんぱん》を支える人たちの労働は重要ですし、安全な輸送のためには、道路や港・駅などの整備も必要です。

迅速な物流や情報伝達によって、われわれの日々の快適で便利な生活は成り立っています。

国内だけではなく世界貿易の拡大に伴《ともな》い、交通手段や情報網《じょうほうもう》の発達を受けて社会は大きく変化してきました。物流の変化によるさまざまな影響について、以下の問を通じて考えてみましょう。

問9 人の移動が感染症対策により制限されましたが、物流は日々止まることなく続いています。飲食店の営業にも制限が設けられましたが、宅配サービスやテイクアウトを利用することで、お店の味を楽しむことができています。一方で、ほしかった商品が届いた後のことも考える必要があります。例えば、包装《ほうそう》容器などのプラスチックごみの処理が問題になっています。

地球の表面の7割を占める海に、プラスチック片《へん》の流れが生まれている。魚介類《ぎょかい》が取り込み、それらを食べる人間の健康にも影響する懸念《けねん》が高まってきた。…ハワイ島にたどり着くごみの多くは数年から10年ほどかけて中国や日本、韓国《かんこく》などの東アジア諸国からやって来たものだと推定されている。

（中略）
（海辺の清掃《せいそう》を主宰《しゅさい》する団体の）ハワイ・ワイルドライフ基金は、ごみの発生地を調べることはしていない。（その理由をスタッフにたずねると）「プラスチック製品の原料、加工、流通が国境を越《こ》えてグローバル化している時代だ。特定の国の責任を問うことにあまり意味はない。私もプラスチック製品の消費者の一人だ」と答えた。

（朝日新聞2017年11月5日GLOBE掲載《けいさい》の記事より一部抜粋・補足）

※海洋ごみの中で、近年国際的な注目を集めるようになったのが「マイクロプラスチック」と呼ばれるプラスチック片による海洋汚染《おせん》。プラスチックは、漂流《ひょうりゅう》するうちに紫《し》外線《がい》や風波などによって細片化されていく。プラスチックごみの例は、レジ袋《ぶくろ》・ペットボトル・食品用トレイ・漁具など。

(1) このような地球規模の環境問題は、ある国だけが努力をすれば解決できるというものではありません。そのため、国際連合や各国の政府に加えて、前の新聞記事のような団体が協力してさまざまな取り組みを進めています。環境問題に限らず、貧困や紛争《ふんそう》解決などの問題に取り組んでいる非政府組織の略称《りゃくしょう》を、**アルファベット3文字**で答えなさい。

(2) 日本政府は、2019年の「プラスチック資源循環《じゅんかん》戦略」で、使い捨てプラスチックの排出《はいしゅつ》量を減らすなどの目標を掲《かか》げ、レジ袋有料化など具体的な取り組みをはじめています。海洋プラスチックごみの問題に対応し、また二酸化炭素の排出を伴うプラスチックごみの焼却《しょうきゃく》処理量を減らしていくためです。この他にも国際情勢の変化により、国内のプラスチックごみ（廃《はい》プラスチック）の削減《さくげん》を進める必要性がこの数年で生じていますが、その理由を次の説明文と表3を踏まえて説明しなさい。

家庭から出るペットボトルや包装容器などの廃プラスチックは、法律にもとづき収集・リサイクルされています。しかし、他のごみと混じったり、飲み残しや食べ残しで汚《よご》れたり

表3　日本の廃プラスチック輸出量の推移
（日本の主な輸出先、万トン）

		2016年	2017年	2018年	2019年	2020年
総輸出量		152.7	143.1	100.8	89.8	82.1
国名	中国	80.3	74.9	4.6	1.9	0.7
	マレーシア	3.3	7.5	22.0	26.2	26.1
	ベトナム	6.6	12.6	12.3	11.7	17.4

日本貿易振興《しんこう》機構の資料より作成

しているると、リサイクルすることがむずかしくなります。日本では分別・洗浄《せんじょう》の費用が高く、廃プラスチックの一部は主に中国に輸出されてきました。中国は1990年代から急激な経済発展を続けたため、国内だけで製品の原料を賄《まかな》うことが困難となり、2000年以降日本や欧米《おうべい》諸国から廃プラスチックの輸入を増大させてきました。廃プラスチックをリサイクル資源として活用し、繊維製品などに加工して輸出していました。

その中国が、2017年に廃プラスチックの輸入を原則禁止にしました。廃プラスチックを処理する過程で汚水の垂れ流しや使えない部分の不法投棄《とうき》などの環境問題が発生し、分別・洗浄の費用削減のための劣悪な労働も問題視されるようになったからです。中国以外の廃プラスチックを受け入れている多くの国のリサイクル事情は、輸入禁止前の中国と同様です。

国際条約が改正され、2021年から汚れた廃プラスチックを輸出する際には相手国の同意が必要になりました。自由で迅速な物流は大切ですが、汚れた廃プラスチックに限らず、ものが移動した先で及《およ》ぼす影響についても考える必要があります。輸出する側は、相手国の同意があったとしても、（　　　　　　　）ものを、国境を越えて移動させないなどの責任を担っていくことが、持続可能な社会を目指し、地球規模の問題を考えていくためには重要です。

⑶ 説明文を参考にして、文中の（　）にあてはまる内容を1つ答えなさい。

［駒場東邦中学校］

【解　説】

コロナ禍で廃プラスチックが増加

物流に関する問題文から始まる問題ですが、ここに下線部や空欄がないことからもわかるように、この問題文は入口にすぎず、そのあとの問1～9で、それぞれ別の問題文や図表が提示され、それに基づいて解答させる形式です。問9に注目します。

設問文ではまず、コロナ禍で外食に制限がかけられた代わりにテイクアウトや宅配サービスの利用が増えたことをとりあげ、それにともなって包装容器やプラスチックごみも増えているであろうことをイメージさせます。そのうえで、朝日新聞の記事の抜粋が提示されます。ハワイに流れ着いたプラスチックごみの話です。その記事に対して出題者が、**マイクロプラスチック**に関する注釈を添えています。

マイクロプラスチックとは、レジ袋、ペットボトル、食品用トレイ、漁具などが海に漂流し、紫外線や風波を受けて細片化されたものです。これを魚介類が体内に取り込み、それを食べる人間の健康にも影響を与える可能性が指摘されています。

(1)はシンプルに知識を問う問題です。非政府組織といえば「NGO」ですね。大人には常識だと思われますが、「NGOとNPOの違いは何か？」と問われると、答えに窮するひとも多いのではないでしょうか。外務省によれば「どちらも市民が主体となり、営利を目的とせずに、課題を解決したり、よりよい社会をつくる活動を行う団体のことを指します。日本では、海外の課題に取り組む活動を行う団体をNGO、国内の課題に対して活動する団体をNPOと呼ぶ傾向にあるようです」とのこと。大きな違いはないいんですね。ですから「NPO」と解答しても完全に間違いとはいえないいんじゃないかと思います。

「3R」に続く4つめは「リニューアブル」

(2)では、「**プラスチック資源循環戦略**」という言葉が登場します。聞いたことがあるでしょうか。従来の「**3R（リデュース、リユース、リサイクル）**」に加えて「**リニューアブル**」を訴えます。2019年に環境省が以下のような目標を掲げています。

○リデュース

・2030年までにワンウェイのプラスチックを累積25%排出抑制

○リユース・リサイクル
・2025年までにリユース・リサイクル可能なデザインに
・2030年までに容器包装の6割をリユース・リサイクル
・2035年までに使用済プラスチックを100％リユース・リサイクル等により、有効利用
○再生利用・バイオマスプラスチック（リニューアブル）
・2030年までに再生利用を倍増
・2030年までにバイオマスプラスチックを約200万トン導入
この具体的取り組みの一つとして始まったのが、2020年の**レジ袋有料化**です。コンビニやスーパーでの買い物は現在の小学生にとっては、日常です。たった数円であったとしても、それでほしいお菓子がぎりぎり買えなくなってしまったりするのですから、レジ袋有料化は子どもたちにとっては切実な問題です。レジ袋は有料なのに、割りばしやプラスチック製スプーンや保冷剤はたくさんつけてくれることの矛盾も、子どもたちは感じています。

そして設問文にある通り、レジ袋有料化が、マイクロプラスチックによる**海洋汚染**を防い

だり、焼却による二酸化炭素の排出を抑制したりする環境保護の観点から推し進められていることは、中学受験生ならほぼ常識として知っています。

レジ袋有料化の背景に中国の政策変更

しかし(2)では、ほかにも理由があるとして、新たな問題文を提示します。「中国が、2017年に廃プラスチックの輸入を原則禁止にしました」というのが、この問題文の核です。問題文にはさらに「日本の廃プラスチック輸出量の推移」という表が添えられます。2017年を境に、中国への輸出量が激減していることがわかります。逆にマレーシアやベトナムへの輸出量は増えていますが、中国の減少をカバーするほどではありません。

答えはたとえば「2017年に中国が廃プラスチックの輸入の原則禁止を決めたことで、日本国内でリサイクルできない廃プラスチックの処理が難しくなったから。」などとなるでしょう。

これも多くの中学受験塾で教えているはずですが、仮にその知識がなかったとしても、問題文を読めば解答できるように配慮されています。

レジ袋の有料化といえば、海洋汚染を思い浮かべるひとが圧倒的に多いと思いますが、実は国際関係上の事情もあったのです。改めて環境省のレジ袋有料化特設サイトを見てみると、レジ袋有料化の主な背景として、以下の6点が挙げられています。

- 主要な地域・国の中で2番目に多い日本のプラスチックの廃棄量
- 60カ国以上でレジ袋に禁止を含めた規制
- 2050年にはCO_2排出量割合の15%
- ひっ迫する廃プラスチックの処理
- 2050年魚の量を上回るプラスチックごみ
- 大阪湾に沈むレジ袋300万枚

「ひっ迫する廃プラスチックの処理」の説明として、「2017年末に中国がプラスチックごみの輸入を禁止したため、日本国内で処理しなければならないプラスチックごみの量が増大し、一部で排出と処理がひっ迫し、廃棄物処理にかかる社会的コストが増大しています」とも書かれています。語尾だけ「増大しているから」に変えて解答すれば高得点は間違いないでしょう。

(3)は2022年駒場東邦社会科入試問題の最後の問題です。

問題文によれば、2021年から国際条約が改正され、廃プラスチックの輸出には相手国の同意が必要になりました。でも「同意があったとしても、輸出してはいけないものがあるのではないか、それは何か」という問いだと言い換えられます。答えはシンプルに「環境を汚す」などで十分でしょう。

廃プラスチックのようなものを他国に押しつけることができれば、それで問題は本当に解決したことになるのか、それは問題のしわ寄せをよそにやっているだけではないかと、最後に受験生に問いかけます。ではどうすればいいのか。「続きはいっしょに考えよう」というメッセージです。

◎〈マイクロプラスチック、レジ袋・エコバッグ〉に関わる出題があったその他の学校

市川、穎明館、湘南学園、昭和女子大昭和、世田谷学園、帝京大中、横浜女学院、立教女学院

◎〈3R〉に関わる出題があったその他の学校

ラ・サール、立教池袋

SDGsミニ講義⑦

デューデリジェンスを踏まえた生産と消費を

どこで誰がどのようにつくったか、どこで誰がどのように処理するのか、どこで誰がどのように再利用するのか。つまり、持続可能な生産と消費に焦点を当てた問題文です。

ここでは特に再利用や処理に重きが置かれていますが、翻って考えると、ものづくりの段階でどうやって処理されるのか、再利用されるのかを考える生産者の意識や倫理も問われることがわかります。

生産から消費、処理、再利用までの一連の文脈を踏まえて、企業に注意義務や努力を求めることを「デューデリジェンス（Due Diligence）」といいます。たとえばちょっと前に、新疆ウイグル地区でつくられる綿について、その生産体制に人権的な問題があることが指摘されましたよね。これは人権デューデリジェンスの問題です。カーボンフットプリント（物流の過程でどれだけ炭素を排出するか）という問題もあります。

生産と消費のシステムを変えるのはとても難しいのですが、そこを変えられれば社会も大きく変わります。多少高くても、つくったひとにちゃんとした対価が支払われることがわかる商品を選ぶとか、できるだけ物流負荷の少ない商品を選ぶとか、消費者にもできることがあります。

一方、中国が受け入れを拒むようになったからレジ袋が有料化されたような書き方になっていますが、レジ袋の問題はそれ以前から指摘されていました。

国連では毎年SDGsのレビューが行われています。2017年には目標14「海の豊かさを守ろう」が論点になりました。国連海洋会議が行われて、必ずしも海に直接関わらない国際機関もプラスチック問題を見つめ直しました。翌年のダボス会議では経済的なリーダーたちがこの問題への関心を表明し、その後、国際条約をつくろうという流れができました。SDGsがあることで世の中が変わった事例です。

一方で、プラスチック製のストローを紙製に替えればいいのかというと、そう単純ではありません。当然反対側には森林伐採の問題があるわけです。間伐材を利用するなど、木材をうまく育てながら消費する循環を考える必要があります。トライ&エラーを続けながら、2030年までにいいやり方を見つけなければいけません。

また、せっかくレジ袋を減らしても、コロナの感染拡大を防ぐためのビニール手袋が大量に消費されていたり、そもそもエコバッグをつくるのに大量のエネルギーが使われていたりすることにも着目する必要があります。

エネルギーや資源を循環させるところに新たなビジネスが生まれる可能性があります。

◎7章の問題に関連して達成すべき目標

8章

そのチョコレートは本当に「おいしい」？

【問題】

2 次の文を読み、あとの問いに答えなさい。

私たちが毎日食べる米や肉、野菜などの食料の産地はどこか知っていますか。国産のものもあれば、外国産のものもあるでしょう。では、国産と外国産、どちらの方が多いでしょうか。それを示すのが、「食料自給率」です。私たちが食べている食料のうち、国内で生産されている食料の割合を示すものです。資料１を見てください。最新の２０１９年のデータでは、(a)日本の食料自給率は38％となっており、低下傾向（けいこう）が続いています。このことから、約60％を海外からの輸入に頼（たよ）っていることもわかります。

では、食料の品目別自給率はどうなっているのでしょうか。資料２を見てください。米のように１００％に近いものもあれば、(b)豚肉、牛乳・乳製品のように5～6割が国産のもの、大豆のように大部分を輸入に頼っているものなど、品目によって自給率は異なります。

これらを総合的に見たときに、日本の食料自給率は38％となるわけです。(c)食料自給率が低

資料1

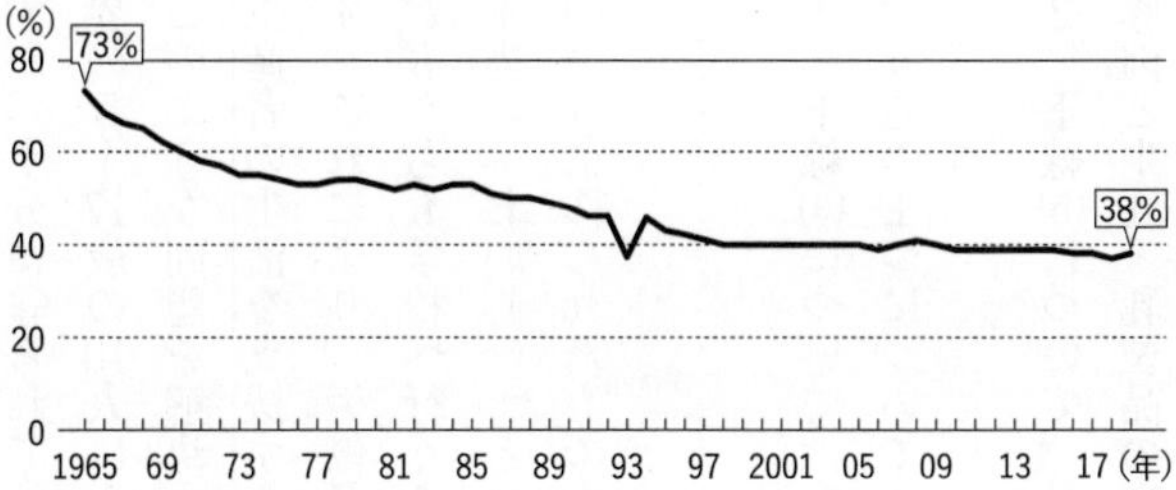

農林水産省資料より作成

資料2　品目別自給率（2019年度、%）

米	97	小麦	15
野菜	80	果実	38
大豆	6	魚介類	55
豚肉	50	牛乳・乳製品	61

農林水産省資料より作成

いことで様々な問題が生じることから、政府は2030年までに、食料自給率を45％に引き上げるという目標を掲（かか）げています。

様々な国の多様な食材が日本で手に入るということは、私たちの食と暮らしを豊かにします。その一方で、外国で作物を栽培、加工する人々の生活をも豊かにすることはできているでしょうか。

昨年2021年は国連が定める「児童《じどう》労働撤廃《ろうどうてっぱい》国際年」でした。児童労働とは、15歳未満、特に危険な労働の場合は18歳未満の子どもによる労働のことと定義されています。子どもたちの教育を受ける権利などが奪《うば》われ、身体的、精神的な悪影響《えいきょう》を及ぼすことが問題です。国際条約や法律で禁止されていますが、十分に守られていない実態があります。国際機関が2020年に行った調査では、世界の5～17歳の10人に1人にあたる1億6千万人が児童労働者だと推計されました。

このような問題を解決する方法として、(e)発展途上国で作られた農作物や製品を、その国の生産者の生活を支援するため、品質などに見合った適正な価格での取り引きが行われています。これにより、労働者の低賃金・長時間労働などのきびしい労働環境が改善《かいぜん》されれば、子どもたちも学校へ行くことができるようになります。

本当に「おいしい」と思える食料とはどんなものなのか。その食料がどこで、誰によって、どのように作られたものか、という背景も知ったうえで「おいしい」と言えたらいいですね。

問1　下線(a)について。食料自給率が低下傾向にあるのは、いくつかの要因があります。そのうちの1つについて述べなさい。

問2　下線(b)について。品目別自給率の表し方にはいくつかの方法があります。次の表は、豚肉と牛乳・乳製品の自給率をAとB、2つの方法で表したものです。Bの方法はAの方法に比べて、自給率が低く計算されています。Bの方法では［　］の多くが輸入されていることを反映しているため、Aの方法に比べて数値が低くなっています。
この説明の［　］にあてはまる語句を答えなさい。

問3　下線(c)について。
(1)　食料自給率が低いことで生じる問題として、どのようなことが考えられますか。あなたの考えを述べなさい。
(2)　食料自給率を上げるために、外国で生産された食料よりも、なるべく身近な地域で生産された食料を消費する、という取り組みがあります。この取り組みのことを何といいますか。漢字4字で答えなさい。

問5　下線(e)について。このような取り引きを何といいますか。カタカナで答えなさい。

［東京純心女子中学校］

品目別自給率（2019年度、%）

	A	B
豚肉	50	6
牛乳・乳製品	61	26

農林水産省資料より作成

【解説】

なぜ政府が小麦の価格を発表するのか？

小学校の給食の食材をできるだけ地産地消の方針でまかなおうという地域もあります。食料という身近な問題から世の中を見る、まさに小学生の社会科らしい問題です。しかし後半では、児童労働という、日本で中学受験する12歳の子どもたちには想像しがたい現実へと視点を向けさせます。

さほど長くはない問題文を読む中で、消費者としての自分たちの立場で見ていた問題を、地球の裏側で生産する側に立たされている同世代の子どもたちの立場で捉え直す、視点の変換が起こります。そこに、カトリックの学校としての強い出題意図を感じます。

この問題文に対して、問1〜5が設定されています。

問1は、日本の食料自給率が低下傾向にある理由を説明させる問題です。中学受験生にとって、日本の食料自給率が低下傾向にあることは常識ですから、実際には資料1を見なくても解けてしまう問題ではありますが、前提としてのデータを提供しています。

国産の食料消費が減っているという側面と、海外から輸入される食料品が増えているという側面と、どちらからでも答えられます。実際、学校が公式に発表している解答例は4パターンもあります。

- 米の消費量が減り、小麦の消費量が増えるなど、日本人の食生活が変化した
- 日本国内で、農業や水産業で働く人が減っている
- 外国産の方が安いから、輸入が増えた
- 輸送技術が発達して、農産物を新鮮なまま輸入できるようになった

さまざまな観点があるのがわかるでしょう。ほかにも答え方はたくさんあるはずです。中学入試の正解は1つではないのです。

この解答例については、ちょっとだけ注意があります。「米の消費量が減り、小麦の消費量が増えた」というのは親世代でも学校で教えられたテンプレート的な話ですが、改めて農林水産省のデータを見てみると、小麦の消費量が増えたのは、第2次世界大戦後まもなくから1960年代にかけての過去の話であり、1970年代以降、小麦の国内消費量はほぼ横ばいであることがわかります。

日本の歴史的な観点で食生活の変化を捉えた場合、戦後に米の消費量が減り、小麦の消費量が増えたことは大きな意味をもつ事実ですが、現在の食料自給率の低下とは切り離して考えるべきであることは、大人であれば認識しておきたいものです。

「米の消費量が減り、小麦の消費量が増えた」という歴史的事実が日本の食料自給率の低下に構造的な影響を与えていることは事実ですから、今回の問いに対してそのように答えてももちろん正解になりますが、もし資料1に加えて、小麦の国内消費量の推移を表した最新の農林水産省のデータが示され、2つのデータを合わせて考えられる食料自給率低下の理由を述べなさいと問われた場合には、「米の消費量が減り、小麦の消費量が増えた」というテンプレートは使えないことになります。

ちなみに、ロシアによるウクライナ侵攻の影響もあり、2022年には日本でも小麦の価格が高騰しています。日本で消費される小麦の約9割は輸入に頼っているので、政府がまとめて輸入しています。これを**国家貿易**といいます。だから小麦の価格に関しては、政府が発表するのです。

日本は直接ウクライナから小麦を輸入していたわけではありません。しかし国際的な小麦相場の高騰を受けて、日本政府は高い値段で小麦を輸入せざるを得なくなり、国内での小麦製品の価格も軒並み上昇したわけです。

ロシアによるウクライナ侵攻は、2022年の中学入試が終わったあとに起こりましたから、この問題の出題意図とは関係ありませんが、2023年以降の中学入試では、国際紛争がさまざまな形で私たちの生活に与える影響について問う問題が出る可能性は高まると考えていいでしょう。

とはいえ、大人でも理解が難しい国際情勢の話を小学生が100％理解する必要はありません。中学入試で時事問題を出題する目的は、教科書の中だけの勉強に終始することなく、現実社会で起きていることに日常的に目を向ける姿勢が身についているかを試すことです。もっと端的にいえば、ニュースなどを見ながら、家庭でああでもないこうでもないと話をする習慣があるかどうかを出題者は見透かそうとしているのです。

中学受験のために親子で時事問題について語り合おうと言っているわけではありません。教科書の知識を片っ端からインストールした受験マシーンではなく、日常生活の中で自然に興味・関心や問題意識を抱くことのできる子どもを育ててほしいという、学校から家庭へのメッセージともいえます。

見えない飼料や水も輸入されている

問2は食料自給率の算出方法の違いに関する問題です。2種類の算出方法でこうも食料自給率が変わるのはなぜかを答えさせます。なかなか深い問題だと感心するひとも多いかもしれませんが、実はこれも中学受験生にとっては常識問題の一つにすぎません。自給率の計算方法には、カロリーベースにする場合や生産額ベースにする場合などさまざまな方法があることを、中学受験生は学んでいます。

ここに与えられている表では、Aの方法で計算された自給率よりもBの方法で計算された自給率のほうがだいぶ低くなっています。Bの算出方法が具体的にどのようなものかはわかりませんし、実際にはとても複雑なのだろうと思いますが、品目が豚肉や乳製品であることから、豚や牛の飼育に必要な大量の餌がキーワードになっていることに気づければOKです。答えは「飼料」です。

ちなみに2022年の横浜雙葉の問題では、輸入された農畜産物の生産に使われた水の量に着目した問題が出されました。そのような水を何というか、カタカナで答えなさいという問題です。答えは「**バーチャルウォーター**」です。答えられた受験生は少なかったはずです。

いや、実は私（山本・おおた）も、聞いたことすらありませんでしたが、今後は中学受験塾で、これも教えられるようになるでしょう。

ちなみに環境省によれば、「バーチャルウォーターとは、食料を輸入している国（消費国）において、もしその輸入食料を生産するとしたら、どの程度の水が必要かを推定したものであり、ロンドン大学東洋アフリカ学科名誉教授のアンソニー・アラン氏がはじめて紹介した概念です。例えば、1kgのトウモロコシを生産するには、灌漑用水として1800リットルの水が必要です。また、牛はこうした穀物を大量に消費しながら育つため、牛肉1kgを生産するには、その約20000倍もの水が必要です。つまり、日本は海外から食料を輸入することによって、その生産に必要な分だけ自国の水を使わないで済んでいるのです。言い換えれば、食料の輸入は、形を変えて水を輸入していることと考えることができます」とのこと。

今回の東京純心女子の問題では出てきていませんが、**フードマイレージ**や**トレーサビリティー**や**フードロス**というキーワードも中学入試の社会科では頻出です。

フードマイレージとは食料の輸送量に輸送距離を掛け合わせた指標のことです。単位は「t・km（トン・キロメートル）」。食料の輸入が地球環境に与える負荷を把握することに役立ちます。トレーサビリティーは、商店などに並ぶ食料品がどこでどのように生産されどのようなルートで輸送されたのかを遡ることです。主に食の安全性にかかわります。フードロスは、せっかく生産された食料品が無駄に廃棄されてしまうことです。スーパーマーケットなどでいわゆる「手前取り運動」が呼びかけられるのは、フードロスを避けるためです。

公正で賢い消費者を育てるために

問3の(1)は、食料自給率が下がると何が困るのかについて、「あなたの考え」を求めるタイプの問題です。「あなたの考え」ですから、正解も不正解もありません。ただ、それがどれだけ説得力があるかを採点者は評価します。

何らかの事情で輸入ができなくなった場合に国内で消費をまかなうことができなくなるというのが、親世代が習った模範解答でしょう。「何らか」の部分には、国際紛争や流通問題や為替の問題など、さまざまな理由が入ります。学校が示す解答例にも「輸入相手先の事情で食料を輸入しにくくなる可能性がある」というのがあります。

食の安心・安全という観点から答える方法もあります。親世代であれば農薬を連想すると思いますが、いまでは「遺伝子組み換え食品」というキーワードもあります。学校が示す解答例の2つめは「遺伝子組み換え食品や農薬など、輸入品の安全性が問題となる恐れがある」です。

算数や国語、理科の答えは時代の変化の影響をほとんど受けませんが、社会科の答えはそのときどきで変化します。
(2)の「なるべく身近な地域で生産された食料を消費する」取り組みを表す言葉は「**地産地消**」です。地産地消については2022年だけでも3校が答えさせています。それだけ重要語句だということです。先述のフードマイレージを最小にして、トレーサビリティーを明確にする運動だとも換言できます。
問5の「発展途上国で作られた農作物や製品を、その国の生産者の生活を支援するため、品質などに見合った適正な価格での取り引き」を意味する言葉は「**フェアトレード**」です。これも最近の中学入試では頻出のキーワードです。この問題では、フェアトレードという単語を答えさせていますが、重要なのはその意味を理解していることです。つまり、この過去問を解くことで本質的に重要なのは、下線部の説明がフェアトレードの意味であることを理解することです。

子どもたちが大好きなチョコレートの生産で児童労働が行われていることが知られています。フェアトレードで輸入されたカカオを使っていることを明示しているチョコレートも市場に流通するようになりました。値段は少々高くても、そういう商品を選ぶことが、公正で賢い消費者の消費行動だといえます。フェアトレードという言葉を子どもが学んだら、保護者としては、実際にそういう商品が身近にあることを伝え、無理のない範囲で自分たちの消費行動を変えていく手本を示すことも重要です。この過去問を解くことで、そこまでしてくれる親子がいたら、出題者冥利に尽きるというものでしょう。

社会が変化すると新しい言葉が生まれる

この問題文に込められた出題者の想いを要約すれば、おそらく次のようにまとめられます。

「輸入されている豚肉や乳製品を生産するのに大量の飼料が必要であり、飼料以外にもバーチャルウォーターが大量に使われており、にもかかわらず安価にそれらが手に入る理由をトレーサビリティーの観点で調べてみたら、背景にはもしかしたら児童労働があるのかもしれない。そこまでの想像力を働かせれば、フードロスへの罪悪感も強まりますし、フェアトレード商品を選ぶ必要性も強く感じられるのではないでしょうか」

世の中に新しい現象が生まれたときには必ず新しい言葉が生まれます。便利な言葉があることで、ものすごく情報量の多い大きな概念を、短い言葉で扱い、ひとに伝えることができるようになるのです。これらのキーワードを、受験のための知識としてインプットするのではなく、世の中の出来事をとらえる補助線として正しく使いこなせるようになることを、中学校の社会科の先生たちは望んでいるわけです。

覚えなければいけない言葉が増えることは、受験生にとっては大変ですが、ニュースなどを見ながら、「へぇー、こんな言葉があるんだ。聞いたことある？　どんな意味なんだろう？　私たちの生活にどんな影響があるんだろう？」などと、家庭で自然に会話が生じることが理想です。

◎〈食料自給率〉に関わる出題があったその他の学校

大妻多摩、学芸大世田谷、香蘭、湘南白百合、白百合、清泉女学院、東京都市大付、筑波大附、富士見

◎〈フードロス〉に関わる出題があったその他の学校

香蘭、湘南学園、立教池袋

◎〈地産地消〉に関わる出題があったその他の学校

恵泉、筑波大附、富士見

SDGsミニ講義⑧

サプライチェーン全体を考える癖をつける

たとえば豚肉を輸入するということは、豚の飼育に使用された水、エネルギー、飼料なども輸入しているということです。日本は水が豊かにある国ですが、その日本が、発展途上国の水を奪っている可能性があります。

そこで重要になるのが地産地消という考え方です。地域の活性化にもつながります。コロナ禍のようなパンデミックにも強い社会になります。

ただし、すべてが地産地消になってしまうと、現在の世界経済のしくみが回らなくなってしまうので、不満を感じるひともたくさん出てくるでしょう。地産地消しながら、余剰分を地域外に売るなど、経済活動を維持する方法も考える必要があります。

問題文の後半には児童労働の話も出てきます。これは食に限ったことではありません。高品質な衣服が安く手に入るのは嬉しいことです。でも、それを誰がどこでつくったのかを考えてみる必要があります。「こんなに安くて嬉しい」と喜ぶだけでなくて、サプライチェーン全体を想像して、その過程のどこかで泣いているひとがいないかを考えてみなければいけません。

とはいえ、経済のグローバル化によって、現在サプライチェーンが非常に長くなっています。さきほどの地産地消とは逆の方向性です。つまり、自分の目の前にある商品を、誰がどうやってつくっているのかが見えにくくなっている。たとえば、自分たちがおいしく食べているチョコレートに、児童労働によってつくられたカカオが使われている可能性があることを知っているひとは意外と少ないかもしれません。

現在、さまざまな認証制度がつくられています。たとえばＦＳＣ（Forest Stewardship Council）認証は、環境、社会、経済の便益にかない、きちんと管理された森林からの製品を目に見える形で消費者に届け、それにより経済的利益を生産者に還元するしくみです。ＭＳＣ（Marine Stewardship Council）認証、通称・海のエコラベルは、水産資源と環境に配慮し適切に管理された、持続可能な漁業で獲られた天然の水産物の証です。

持続可能な社会の消費者には、こういう認証を頼りに商品を選ぶという方法も求められます。

◎8章の問題に関連して達成すべき目標

9章

SDGsで世界は本当に良くなるのか？

「問　題」

4　次の文章は斎藤幸平著『人新世《ひとしんせい》の「資本論」』（集英社新書）の抜粋《ばっすい》です。これを読み、あとの問いに答えなさい。なお、出題に際して、省略および表記を一部変えたところがあります。

温暖化対策として、あなたは、なにかしているだろうか。レジ袋《ぶくろ》削減《さくげん》のために、エコバッグを買った？　ペットボトル入り飲料を買わないようにマイボトルを持ち歩いている？　車をハイブリッドカーにした？

はっきり言おう。その善意だけなら無意味に終わる。それどころか、その善意は有害でさえある。

なぜだろうか。温暖化対策をしていると思い込《こ》むことで、真に必要とされているもっと大《だい》胆《たん》なアクションを起こさなくなってしまうからだ。良心の呵責《かしゃく》※1から逃《のが》れ、現実の危機から目を背けることを許す「A免罪符（めんざいふ）※2」として機能する消費行動は、資本の側が環境配慮《はいりょ》を装って私たちを欺《あざむ》くグリーン・ウォッシュ※3にいとも簡単に取り込まれてしまう。

では、国連が掲《かか》げ、各国政府も大企業《きぎょう》も推進する「ＳＤＧｓ」なら地球全体の環境を変えていくことができるだろうか。いや、それもやはりうまくいかない。政府や企業がＳＤＧｓの行動指針をいくつかなぞったところで、気候変動は止められないのだ。ＳＤＧｓはアリバイ作りのようなものであり、目下の危機から目を背けさせる効果しかない。

〈中略〉

人類の経済活動が地球に与《あた》えた影響《えいきょう》があまりに大きいため、ノーベル化学賞受賞者のパウル・クルッツェンは、地質学的に見て、地球は新たな年代に突入《とつにゅう》したと言い、それを「人新世」（アントロポセン）と名付けた。人間たちの活動の痕跡《こんせき》が、地球の表面を覆《おお》いつくした年代という意味である。

実際、ビル、工場、道路、農地、ダムなどが地表を埋《う》めつくし、海洋にはマイクロプラスチックが大量に浮遊《ふゆう》している。人工物が地球を大きく変えているのだ。とりわけそのなかでも、人類の活動によって飛躍《ひやく》的に増大しているのが、大気中の二酸化炭素である。

〈中略〉

近代化による経済成長は、豊かな生活を約束していたはずだった。ところが、「人新世」の環境危機によって明らかになりつつあるのは、皮肉なことに、まさに経済成長が、人類の繁栄《はんえい》の基盤《きばん》を切り崩《くず》しつつあるという事実である。

気候変動が急激に進んでも、超富裕層《ちょうふゆうそう》は、これまでどおりの放埓《ほうらつ》※4な生活を続けることができるかもしれない。しかし、私たち庶民《しょみん》のほとんどは、これまでの暮らしを失い、どう生き延びるのかを必死で探ることになる。

そのような事態を避《さ》けるためには、政治家や専門家だけに危機対応を任せていてはならない。「人任せ」では、超富裕層が優遇《ゆうぐう》されるだけだろう。だからより良い未来を選択《せんたく》するためには、市民の一人ひとりが当事者として立ち上がり、声を上げ、行動しなければならないのだ。

※1　良心の呵責…悪いことをした自分に対して、自分自身の良心からの責めを感じ、苦しむこと。
※2　免罪符…比喩《ひゆ》的に、何かのつぐないとしての行いをいう。
※3　グリーン・ウォッシュ…環境保護にうわべだけ熱心にみせること。実際は、環境に優しい活動をしていないのに、「環境に優しい」と主張すること。

※4　放埒：勝手気ままにふるまうこと。きまりやしきたりにしたがわないこと。

問2　下線Aについて、本文中で使われている意味として、最も適しているものはどれですか、ア〜エから1つ選び、記号で答えなさい。

ア　地球温暖化は解決されつつあると信じてしまうこと。

イ　気候変動は自然現象なので、人間の努力では解決できないとあきらめてしまうこと。

ウ　自分の行動が、二酸化炭素の排出《はいしゅつ》削減に少しでも役立っていると満足してしまうこと。

エ　企業が、二酸化炭素排出量削減に失敗しても許してしまうこと。

問9　著者が、本文でSDGsを批判しているのは、「地球の資源や環境には限りがあり、新たな技術や効率的な利用では温室効果ガスの総量を削減できないので、経済成長そのものを抑制《よくせい》する必要がある」と考えるからです。この考え方にそった意見①・②について、その正誤の組み合わせとして正しいものはどれですか、あとのア〜エから1つ選び、記号で答えなさい。

① 火力発電をすべて太陽光発電に切り替《か》えても、太陽光パネルの生産に大量のエネルギーと資源を消費するので、発電量そのものをおさえる必要があります。

② 発展途上国の開発によって自動車が普及するので、先進国の支援でガソリン車ではなく電気自動車の普及を進める必要があります。

ア［①―正　②―正］　イ［①―正　②―誤］

ウ［①―誤　②―正］　エ［①―誤　②―誤］

［市川中学校］

【解説】

エコバッグでは焼け石に水というロジック

「ＳＤＧｓは大衆のアヘンである」というキャッチコピーで一世を風靡し、２０２１年の新書大賞にも輝いた『人新世の「資本論」』（斎藤幸平著、集英社新書）という書籍からの抜粋が問題文として利用されています。なぜ斎藤さんが、ＳＤＧｓを大衆のアヘンというのか。その理由が端的に説明された箇所です。このベストセラーをまだ読んでいないひとも、とりあえず「そういう理屈ね」とわかってしまうという、お得な問題文です。ただし、12歳の受験生にはロジック理解がやや難しい、逆説的な文章です。

この問題文に対し、問1〜9が設定されています。問1では「**マイクロプラスチック**」という言葉を答えさせますし、問4(1)ではＳＤＧｓの日本語表記を書かせます。問4(2)ではＳＤＧｓの15番目の目標である「陸の豊かさも守ろう」に該当する取り組みを答えさせますし、問5には「**パリ協定**」の話題が出てきます。しかしここでは問2と問9に注目します。

問2は、この文章の中で「免罪符」という言葉が使われている文脈を正しく理解しているかを問うています。国語の読解力を試す問題のようにも見えますが、これに答えることにより、環境保護につながるといわれている消費行動を斎藤さんが批判するロジックを自分が正しく理解していることに確信がもてるつくりになっています。

読解力の問題としては結構難易度の高い問題です。「免罪符」の直前に「現実の危機から目を背けることを許す」というフレーズがあるので、問題文全体をよく読まずにそこに着目してしまうと、「エ」の「企業が、二酸化炭素排出量削減に失敗しても許してしまうこと」を選んでしまうかもしれません。

正解は「ウ」です。消費行動自体を抑制しないと環境への負荷は減らせないのに、自分は環境にいい消費行動をしていると思い込むことで、消費行動をいままで通り続けてしまうのが危険だと斎藤さんは主張しているのです。**マイボトル**やエコバッグを持ち歩くくらいで気候変動が抑えられると思って満足するなよと警告しているわけです。

SDGsそのものがもつ構造的な落とし穴

そのうえで問9があります。受験生たちを、SDGsに対してあえて批判的立場に立たせて答えさせます。

①は、**太陽光発電**に切り替えるだけではだめだという主張です。斎藤さんの主張と合致します。②は、発展途上国において**電気自動車**を普及すべきだという主張です。でも斎藤さんの主張は、**ガソリン車**を電気自動車に替えるだけではだめだという主張です。つまり②は斎藤さんの主張に合致しません。よって、①は「正」、②は「誤」の「イ」が正解です。

社会科の先生たちは、世の中のことに常に疑問をもってほしいと思っています。いわゆる批判的思考です。当たり前とされていること、これが良いとみんなが言っているものにこそ、疑《ふ》いの目を向けてみる姿勢を求めます。SDGsが錦の御旗《みはた》や金科玉条のように思われている節があるし、実際小学校でもさんざんそう聞かされてきたと思うが、それすら疑ってみる姿勢をもつことが社会科的には大切だというメッセージがこの入試問題に込められていると考えられます。

社会科という教科自体、太平洋戦争終戦後に、「**修身**」に代わって設置された教科です。戦前の修身では、ものごとの善し悪しを上から教え込まれました。でも、社会科では、批判的思考をもって自らものごとの善し悪しを判断する力を養います。それが民主主義社会の基盤になると考えられました。

入試問題にこの問題文をもってきたのは、市川という学校全体がＳＤＧｓに反対しているからではありません。世界中のひとが認めるＳＤＧｓという概念に対してさえも批判的思考をめぐらせることを怠らず、自らの頭で考える姿勢をもつようにと受験生に訴えかけているわけです。そういう姿勢をもつ人びとが一定数いることで、ポピュリズムやファシズムから社会を守ることができます。

夏休みの自由研究などでＳＤＧｓについてまじめに取り組んできた小学生ほどショックを受けてしまう内容かもしれません。一方で、大人びた小学生なら、もともと「持続可能な開発目標」という言葉にひっかかりを感じていたかもしれません。国語という教科のなかでは「開発」という言葉は、ネガティブなニュアンスを含んで使われることが多く、中学受験生たちはそのような文章にもたくさん触れているので、「持続可能な開発目標」という言葉自体に欺瞞性を感じとっていてもおかしくはありません。

この問題にショックなり共感なりを感じて心動かされた受験生は、市川で学ぶ資格が大いにあるということです。入学してから社会科の先生をつかまえて、「先生、あの入試問題ってさ……」と議論ができたら理想的だと思います。

SDGsミニ講義⑨

社会は良心の積み上げでできている

非常に刺激的な意見ではありますが、ここに引用されている言い方だけを真に受けることは避けたいですね。

良心の呵責を免れるために行動をとるという考え方を示されていますが、世の中は良心の積み上げで成り立っているのも事実です。それに、SDGsはアリバイではありません。SDGsとは国連加盟国が少なくとも強くは反対しない2030年の世界のかたちとしてまとめられたものです。SDGsのベースに「持続可能な開発のための2030アジェンダ」（巻末の資料参照）があります。それをぜひ読んでほしい。

そのうえで、問9は、経済成長そのものを抑制する「脱成長」が正しいという主張に立脚したものです。脱成長もSDGsの一つの解法になり得るとは私（蟹江）も思います。でもSDGsは2030年までの目標なので、経済システムをそこまで大きく変えるのは、革命でも起こさない限り難しい。現実的な解法ではありません。

「ＳＤＧｓウォッシュ」と揶揄《やゆ》されることがあるように、ＳＤＧｓの理念を取り違えて利用しているひとたちがいるのは事実だと思います。17個のアイコンだけを見て、たとえば８番に「働きがいも経済成長も」と書かれているぞと。うちの会社でもやっているからアイコンを掲げておこうというのは間違ったＳＤＧｓの使い方です。

たとえばターゲットの８・５には同一労働同一賃金のことが書かれています。２０３０年までに同一労働同一賃金を達成するという目標を掲げ、できれば具体的な数値目標を決めて、実際にアクションを起こすことが、ＳＤＧｓ的に望まれる企業のあり方です。

◎9章の問題に関連して達成すべき目標

おわりに

「おわりに」に代えて、10問目の入試問題を紹介します。2022年開成中の大問3です。急激に進むグローバル化の流れのなかで、多国籍企業への課税や気候変動への対応など、国際協調がますます必要になっているのに、国連ですらその機能を果たせていないと指摘する600字程度の問題文が提示されます。

その問題文の最後に、SDGsに触れた箇所があります。「ただし、SDGsは2030年までの目標ということになっています。それではその先、国際社会はどのような考え方に基づいて様々な問題解決に取り組んでいくことになるのでしょうか。動向に注目しつつ、私たちも考えていきましょう。」という文章で締めくくられています。

この問題に果敢に挑んで中学生になった子どもたちが、2030年にはちょうど20歳になります。つまり彼らは、SDGsのその先の課題に挑まなければいけない世代です。

彼らを教える教員たちは、当然ながらＳＤＧｓのその先の世界を意識して、生徒たちに何を伝えるべきかを熟慮して、日々の授業を行っています。そのメッセージの一端が、入試問題にも表れていたはずです。

つまり、本書に掲載されている入試問題の視点は、すでにＳＤＧｓの先を行くものです。実際に問題を解いてみることで、そのことが実感されたのではないでしょうか。

彼らが大人になったときに取り組む社会課題が、少しでも解き易いものになっているようにするのが、現在の大人たちの責任です。それができないのに、子どもたちに対して「もっと勉強しないとあとで苦労するよ」なんて、どの口が言えるのでしょうか。

難易度を高めに設定するのは、ペーパーテストだけにしてくれよ、という子どもたちの声が聞こえませんか？

２０２２年11月

おおたとしまさ

ャネイロで開催された「国連持続可能な開発会議」（リオ+20）で採択された成果文書。「The Future We Want」。

（※13）生態系サービス：生物・生態系に由来し、人間にとって利益となる機能のこと。

（※14）優占種：生物群集で、量が特に多くて影響力が大きく、その群集の特徴を決定づけ代表する種。

（※15）GNI：Gross National Incomeの頭文字を取ったもので、居住者が1年間に国内外から受け取った所得の合計のこと。国民総所得。

る。


（※1）　極度の貧困の定義は、2015年10月に1日1.90ドル未満に修正されている。

（※2）　適正な新技術：技術が適用される国・地域の経済的・社会的・文化的な環境や条件、ニーズに合致した技術のこと。

（※3）　レジリエンス：回復力、立ち直る力、復元力、耐性、しなやかな強さなどを意味する。「レジリエント」は形容詞。

（※4）　ドーハ開発ラウンド：2001年11月のドーハ閣僚会議で開始が決定された、世界貿易機関（WTO）発足後初となるラウンドのこと。閣僚会議の開催場所（カタールの首都ドーハ）にちなんで「ドーハ・ラウンド」と呼ばれるが、正式には「ドーハ開発アジェンダ」と言う。

（※5）　デリバティブ：株式、債券、為替などの元になる金融商品（原資産）から派生して誕生した金融商品のこと。

（※6）　顧みられない熱帯病：おもに熱帯地域で蔓延する寄生虫や細菌感染症のこと。

（※7）　ユニバーサル・ヘルス・カバレッジ（UHC）：すべての人々が、基礎的な保健サービスを必要なときに負担可能な費用で受けられること。

（※8）　エンパワーメント：一人ひとりが、自らの意思で決定をし、状況を変革していく力を身につけること。

（※9）　エネルギーミックス：エネルギー（おもに電力）を生み出す際の、発生源となる石油、石炭、原子力、天然ガス、水力、地熱、太陽熱など一次エネルギーの組み合わせ、配分、構成比のこと。

（※10）　バリューチェーン：企業活動における業務の流れを、調達、製造、販売、保守などと機能単位に分割してとらえ、各機能単位が生み出す価値を分析して最大化することを目指す考え方。

（※11）　最大持続生産量：生物資源を減らすことなく得られる最大限の収穫のこと。おもにクジラを含む水産資源を対象に発展してきた資源管理概念。最大維持可能漁獲量とも言う。

（※12）　「我々の求める未来」：2012年6月にブラジルのリオデジ

対し、永続的な無税・無枠の市場アクセスをタイムリーに導入する。

システム上の課題

政策・制度的整合性

17.13 政策協調や首尾一貫した政策などを通じて、世界的なマクロ経済の安定性を高める。

17.14 持続可能な開発のための政策の一貫性を強める。

17.15 貧困解消と持続可能な開発のための政策を確立・実施するために、各国が政策を決定する余地と各国のリーダーシップを尊重する。

マルチステークホルダー・パートナーシップ

17.16 すべての国々、特に開発途上国において「持続可能な開発目標（SDGs）」の達成を支援するために、知識、専門的知見、技術、資金源を動員・共有するマルチステークホルダー・パートナーシップによって補完される、「持続可能な開発のためのグローバル・パートナーシップ」を強化する。

17.17 さまざまなパートナーシップの経験や資源戦略にもとづき、効果的な公的、官民、市民社会のパートナーシップを奨励し、推進する。

データ、モニタリング、説明責任

17.18 2020年までに、所得、ジェンダー、年齢、人種、民族、在留資格、障害、地理的位置、各国事情に関連するその他の特性によって細分類された、質が高くタイムリーで信頼性のあるデータを大幅に入手しやすくするために、後発開発途上国や小島嶼開発途上国を含む開発途上国に対する能力構築の支援を強化する。

17.19 2030年までに、持続可能な開発の進捗状況を測る、GDPを補完する尺度の開発に向けた既存の取り組みをさらに強化し、開発途上国における統計に関する能力構築を支援す

技術

17.6 科学技術イノベーション（STI）に関する南北協力や南南協力、地域的・国際的な三角協力、および科学技術イノベーションへのアクセスを強化する。国連レベルをはじめとする既存のメカニズム間の調整を改善することや、全世界的な技術促進メカニズムなどを通じて、相互に合意した条件で知識の共有を進める。

17.7 譲許的・特恵的条件を含め、相互に合意した有利な条件のもとで、開発途上国に対し、環境に配慮した技術の開発、移転、普及、拡散を促進する。

17.8 2017年までに、後発開発途上国のための技術バンクや科学技術イノベーション能力構築メカニズムの本格的な運用を開始し、実現技術、特に情報通信技術（ICT）の活用を強化する。

能力構築

17.9 「持続可能な開発目標（SDGs）」をすべて実施するための国家計画を支援するために、南北協力、南南協力、三角協力などを通じて、開発途上国における効果的で対象を絞った能力構築の実施に対する国際的な支援を強化する。

貿易

17.10 ドーハ・ラウンド（ドーハ開発アジェンダ＝DDA）の交渉結果などを通じ、世界貿易機関（WTO）のもと、普遍的でルールにもとづいた、オープンで差別的でない、公平な多角的貿易体制を推進する。

17.11 2020年までに世界の輸出に占める後発開発途上国のシェアを倍にすることを特に視野に入れて、開発途上国の輸出を大幅に増やす。

17.12 世界貿易機関（WTO）の決定に矛盾しない形で、後発開発途上国からの輸入に対する特恵的な原産地規則が、透明・簡略的で、市場アクセスの円滑化に寄与するものであると保障することなどにより、すべての後発開発途上国に

16.10 国内法規や国際協定に従い、だれもが情報を利用できるようにし、基本的自由を保護する。

16.a 暴力を防ぎ、テロリズムや犯罪に立ち向かうために、特に開発途上国で、あらゆるレベルでの能力向上のため、国際協力などを通じて関連する国家機関を強化する。

16.b 持続可能な開発のための差別的でない法律や政策を推進し施行する。

目標17. 実施手段を強化し、「持続可能な開発のためのグローバル・パートナーシップ」を活性化する

資金

17.1 税金・その他の歳入を徴収する国内の能力を向上させるため、開発途上国への国際支援などを通じて、国内の資金調達を強化する。

17.2 開発途上国に対する政府開発援助（ODA）をGNI（※15）比0.7%、後発開発途上国に対するODAをGNI比0.15〜0.20%にするという目標を達成するとした多くの先進国による公約を含め、先進国はODAに関する公約を完全に実施する。ODA供与国は、少なくともGNI比0.20%のODAを後発開発途上国に供与するという目標の設定を検討するよう奨励される。

17.3 開発途上国のための追加的な資金を複数の財源から調達する。

17.4 必要に応じて、負債による資金調達、債務救済、債務再編などの促進を目的とした協調的な政策を通じ、開発途上国の長期的な債務の持続可能性の実現を支援し、債務リスクを軽減するために重債務貧困国（HIPC）の対外債務に対処する。

17.5 後発開発途上国のための投資促進枠組みを導入・実施する。

あらゆる資金源から資金を調達し大幅に増やす。

15.b　持続可能な森林管理に資金を提供するために、あらゆる供給源からあらゆるレベルで相当量の資金を調達し、保全や再植林を含む森林管理を推進するのに十分なインセンティブを開発途上国に与える。

15.c　地域コミュニティが持続的な生計機会を追求する能力を高めることなどにより、保護種の密猟や違法な取引を食い止める取り組みへの世界規模の支援を強化する。

目標16. 持続可能な開発のための平和でだれをも受け入れる社会を促進し、すべての人々が司法を利用できるようにし、あらゆるレベルにおいて効果的で説明責任がありだれも排除しないしくみを構築する

16.1　すべての場所で、あらゆる形態の暴力と暴力関連の死亡率を大幅に減らす。

16.2　子どもに対する虐待、搾取、人身売買、あらゆる形態の暴力、そして子どもの拷問をなくす。

16.3　国および国際的なレベルでの法の支配を促進し、すべての人々が平等に司法を利用できるようにする。

16.4　2030年までに、違法な資金の流れや武器の流通を大幅に減らし、奪われた財産の回収や返還を強化し、あらゆる形態の組織犯罪を根絶する。

16.5　あらゆる形態の汚職や贈賄を大幅に減らす。

16.6　あらゆるレベルにおいて、効果的で説明責任があり透明性の高いしくみを構築する。

16.7　あらゆるレベルにおいて、対応が迅速で、だれも排除しない、参加型・代議制の意思決定を保障する。

16.8　グローバル・ガバナンスのしくみへの開発途上国の参加を拡大・強化する。

16.9　2030年までに、出生登録を含む法的な身分証明をすべての人々に提供する。

目標15. 陸の生態系を保護・回復するとともに持続可能な利用を推進し、持続可能な森林管理を行い、砂漠化を食い止め、土地劣化を阻止・回復し、生物多様性の損失を止める

15.1　2020年までに、国際的合意にもとづく義務により、陸域・内陸淡水生態系とそのサービス（※13)、特に森林、湿地、山地、乾燥地の保全と回復、持続可能な利用を確実なものにする。

15.2　2020年までに、あらゆる種類の森林の持続可能な経営の実施を促進し、森林減少を止め、劣化した森林を回復させ、世界全体で新規植林と再植林を大幅に増やす。

15.3　2030年までに、砂漠化を食い止め、砂漠化や干ばつ、洪水の影響を受けた土地を含む劣化した土地と土壌を回復させ、土地劣化を引き起こさない世界の実現に尽力する。

15.4　2030年までに、持続可能な開発に不可欠な恩恵をもたらす能力を高めるため、生物多様性を含む山岳生態系の保全を確実に行う。

15.5　自然生息地の劣化を抑え、生物多様性の損失を止め、2020年までに絶滅危惧種を保護して絶滅を防ぐため、緊急かつ有効な対策を取る。

15.6　国際合意にもとづき、遺伝資源の利用から生じる利益の公正・公平な配分を促進し、遺伝資源を取得する適切な機会を得られるようにする。

15.7　保護の対象となっている動植物種の密猟や違法取引をなくすための緊急対策を実施し、違法な野生生物製品の需要と供給の両方に対処する。

15.8　2020年までに、外来種の侵入を防ぐとともに、これらの外来種が陸や海の生態系に及ぼす影響を大幅に減らすための対策を導入し、優占種（※14）を制御または一掃する。

15.9　2020年までに、生態系と生物多様性の価値を、国や地域の計画策定、開発プロセス、貧困削減のための戦略や会計に組み込む。

15.a　生物多様性および生態系の保全と持続的な利用のために、

無報告・無規制（IUU）漁業、破壊的な漁業活動を終わらせ、科学的根拠にもとづいた管理計画を実施する。これにより、水産資源を、実現可能な最短期間で、少なくとも各資源の生物学的特性によって定められる最大持続生産量（※11）のレベルまで回復させる。

14.5 2020年までに、国内法や国際法に従い、最大限入手可能な科学情報にもとづいて、沿岸域・海域の少なくとも10％を保全する。

14.6 2020年までに、過剰漁獲能力や過剰漁獲につながる特定の漁業補助金を禁止し、違法・無報告・無規制（IUU）漁業につながる補助金を完全になくし、同様の新たな補助金を導入しない。その際、開発途上国や後発開発途上国に対する適切で効果的な「特別かつ異なる待遇（S&D）」が、世界貿易機関（WTO）漁業補助金交渉の不可欠な要素であるべきだと認識する。

14.7 2030年までに、漁業や水産養殖、観光業の持続可能な管理などを通じて、海洋資源の持続的な利用による小島嶼開発途上国や後発開発途上国の経済的便益を増やす。

14.a 海洋の健全性を改善し、海の生物多様性が、開発途上国、特に小島嶼開発途上国や後発開発途上国の開発にもたらす貢献を高めるために、「海洋技術の移転に関するユネスコ政府間海洋学委員会の基準・ガイドライン」を考慮しつつ、科学的知識を高め、研究能力を向上させ、海洋技術を移転する。

14.b 小規模で伝統的漁法の漁業者が、海洋資源を利用し市場に参入できるようにする。

14.c 「我々の求める未来」（※12）の第158パラグラフで想起されるように、海洋や海洋資源の保全と持続可能な利用のための法的枠組みを規定する「海洋法に関する国際連合条約（UNCLOS）」に反映されている国際法を施行することにより、海洋や海洋資源の保全と持続可能な利用を強化する。

リエンスと適応力を強化する。

13.2　気候変動対策を、国の政策や戦略、計画に統合する。

13.3　気候変動の緩和策と適応策、影響の軽減、早期警戒に関する教育、啓発、人的能力、組織の対応能力を改善する。

13.a　重要な緩和行動と、その実施における透明性確保に関する開発途上国のニーズに対応するため、2020年までにあらゆる供給源から年間1000億ドルを共同で調達するという目標への、国連気候変動枠組条約（UNFCCC）を締約した先進国によるコミットメントを実施し、可能な限り早く資本を投入して「緑の気候基金」の本格的な運用を開始する。

13.b　女性や若者、地域コミュニティや社会の主流から取り残されたコミュニティに焦点を当てることを含め、後発開発途上国や小島嶼開発途上国で、気候変動関連の効果的な計画策定・管理の能力を向上させるしくみを推進する。

＊国連気候変動枠組条約（UNFCCC）が、気候変動への世界的な対応について交渉を行う最優先の国際的政府間対話の場であると認識している。

目標14. 持続可能な開発のために、海洋や海洋資源を保全し持続可能な形で利用する

14.1　2025年までに、海洋堆積物や富栄養化を含め、特に陸上活動からの汚染による、あらゆる種類の海洋汚染を防ぎ大幅に減らす。

14.2　2020年までに、重大な悪影響を回避するため、レジリエンスを高めることなどによって海洋・沿岸の生態系を持続的な形で管理・保護する。また、健全で豊かな海洋を実現するため、生態系の回復に向けた取り組みを行う。

14.3　あらゆるレベルでの科学的協力を強化するなどして、海洋酸性化の影響を最小限に抑え、その影響に対処する。

14.4　2020年までに、漁獲を効果的に規制し、過剰漁業や違法・

イフサイクル全体を通して化学物質や廃棄物の環境に配慮した管理を実現し、人の健康や環境への悪影響を最小限に抑えるため、大気、水、土壌への化学物質や廃棄物の放出を大幅に減らす。

12.5 2030年までに、廃棄物の発生を、予防、削減（リデュース）、再生利用（リサイクル）や再利用（リユース）により大幅に減らす。

12.6 企業、特に大企業や多国籍企業に対し、持続可能な取り組みを導入し、持続可能性に関する情報を定期報告に盛り込むよう促す。

12.7 国内の政策や優先事項に従って、持続可能な公共調達の取り組みを促進する。

12.8 2030年までに、人々があらゆる場所で、持続可能な開発や自然と調和したライフスタイルのために、適切な情報が得られ意識がもてるようにする。

12.a より持続可能な消費・生産形態に移行するため、開発途上国の科学的・技術的能力の強化を支援する。

12.b 雇用創出や地域の文化振興・産品販促につながる持続可能な観光業に対して、持続可能な開発がもたらす影響を測定する手法を開発・導入する。

12.c 税制を改正し、有害な補助金がある場合は環境への影響を考慮して段階的に廃止するなど、各国の状況に応じて市場のひずみをなくすことで、無駄な消費につながる化石燃料への非効率な補助金を合理化する。その際には、開発途上国の特別なニーズや状況を十分に考慮し、貧困層や影響を受けるコミュニティを保護する形で、開発における悪影響を最小限に留める。

目標13. 気候変動とその影響に立ち向かうため、緊急対策を実施する*

13.1 すべての国々で、気候関連の災害や自然災害に対するレジ者の数を大きく減らし、世界のGDP比における直接的経済損失を大幅に縮小する。

11.6　2030年までに、大気環境や、自治体などによる廃棄物の管理に特に注意することで、都市の一人あたりの環境上の悪影響を小さくする。

11.7　2030年までに、すべての人々、特に女性、子ども、高齢者、障害者などが、安全でだれもが使いやすい緑地や公共スペースを利用できるようにする。

11.a　各国・各地域の開発計画を強化することにより、経済・社会・環境面における都市部、都市周辺部、農村部の間の良好なつながりをサポートする。

11.b　2020年までに、すべての人々を含むことを目指し、資源効率、気候変動の緩和と適応、災害に対するレジリエンスを目的とした総合的政策・計画を導入・実施する都市や集落の数を大幅に増やし、「仙台防災枠組2015 - 2030」に沿って、あらゆるレベルで総合的な災害リスク管理を策定し実施する。

11.c　財政・技術支援などを通じ、現地の資材を用いた持続可能でレジリエントな建物の建築について、後発開発途上国を支援する。

目標12. 持続可能な消費・生産形態を確実にする

12.1　先進国主導のもと、開発途上国の開発状況や能力を考慮しつつ、すべての国々が行動を起こし、「持続可能な消費と生産に関する10年計画枠組み（10YFP）」を実施する。

12.2　2030年までに、天然資源の持続可能な管理と効率的な利用を実現する。

12.3　2030年までに、小売・消費者レベルにおける世界全体の一人あたり食品廃棄を半分にし、収穫後の損失を含めて生産・サプライチェーンにおける食品ロスを減らす。

12.4　2020年までに、合意された国際的な枠組みに従い、製品ラ

の意思決定における開発途上国の参加や発言力を強める。

10.7 計画的でよく管理された移住政策の実施などにより、秩序のとれた、安全かつ正規の、責任ある移住や人の移動を促進する。

10.a 世界貿易機関（WTO）協定に従い、開発途上国、特に後発開発途上国に対して「特別かつ異なる待遇（S&D）」の原則を適用する。

10.b 各国の国家計画やプログラムに従って、ニーズが最も大きい国々、特に後発開発途上国、アフリカ諸国、小島嶼開発途上国、内陸開発途上国に対し、政府開発援助（ODA）や海外直接投資を含む資金の流入を促進する。

10.c 2030年までに、移民による送金のコストを３％未満に引き下げ、コストが５％を超える送金経路を完全になくす。

目標11. 都市や人間の居住地をだれも排除せず安全かつレジリエントで持続可能にする

11.1 2030年までに、すべての人々が、適切で安全・安価な住宅と基本的サービスを確実に利用できるようにし、スラムを改善する。

11.2 2030年までに、弱い立場にある人々、女性、子ども、障害者、高齢者のニーズに特に配慮しながら、とりわけ公共交通機関の拡大によって交通の安全性を改善して、すべての人々が、安全で、手頃な価格の、使いやすく持続可能な輸送システムを利用できるようにする。

11.3 2030年までに、すべての国々で、だれも排除しない持続可能な都市化を進め、参加型で差別のない持続可能な人間居住を計画・管理する能力を強化する。

11.4 世界の文化遺産・自然遺産を保護・保全する取り組みを強化する。

11.5 2030年までに、貧困層や弱い立場にある人々の保護に焦点を当てながら、水関連災害を含め、災害による死者や被災

科学研究を強化し、産業セクターの技術能力を向上させる。そのために、イノベーションを促進し、100万人あたりの研究開発従事者の数を大幅に増やし、官民による研究開発費を増加する。

9.a　アフリカ諸国、後発開発途上国、内陸開発途上国、小島嶼開発途上国への金融・テクノロジー・技術の支援強化を通じて、開発途上国における持続可能でレジリエントなインフラ開発を促進する。

9.b　開発途上国の国内における技術開発、研究、イノベーションを、特に産業の多様化を促し商品の価値を高めるための政策環境を保障することなどによって支援する。

9.c　情報通信技術（ICT）へのアクセスを大幅に増やし、2020年までに、後発開発途上国でだれもが当たり前のようにインターネットを使えるようにする。

目標10. 国内および各国間の不平等を減らす

10.1　2030年までに、各国の所得下位40%の人々の所得の伸び率を、国内平均を上回る数値で着実に達成し維持する。

10.2　2030年までに、年齢、性別、障害、人種、民族、出自、宗教、経済的地位やその他の状況にかかわらず、すべての人々に社会的・経済的・政治的に排除されず参画できる力を与え、その参画を推進する。

10.3　差別的な法律や政策、慣行を撤廃し、関連する適切な立法や政策、行動を推進することによって、機会均等を確実にし、結果の不平等を減らす。

10.4　財政、賃金、社会保障政策といった政策を重点的に導入し、さらなる平等を着実に達成する。

10.5　世界の金融市場と金融機関に対する規制とモニタリングを改善し、こうした規制の実施を強化する。

10.6　より効果的で信頼でき、説明責任のある正当な制度を実現するため、地球規模の経済および金融に関する国際機関でながる、持続可能な観光業を推進する政策を立案・実施する。

8.10 すべての人々が銀行取引、保険、金融サービスを利用できるようにするため、国内の金融機関の能力を強化する。

8.a 「後発開発途上国への貿易関連技術支援のための拡大統合フレームワーク（EIF）」などを通じて、開発途上国、特に後発開発途上国に対する「貿易のための援助（AfT）」を拡大する。

8.b 2020年までに、若者の雇用のために世界規模の戦略を展開・運用可能にし、国際労働機関（ILO）の「仕事に関する世界協定」を実施する。

目標 9. レジリエントなインフラを構築し、だれもが参画できる持続可能な産業化を促進し、イノベーションを推進する

9.1 経済発展と人間の幸福をサポートするため、すべての人々が容易かつ公平に利用できることに重点を置きながら、地域内および国境を越えたインフラを含む、質が高く信頼性があり持続可能でレジリエントなインフラを開発する。

9.2 だれもが参画できる持続可能な産業化を促進し、2030年までに、各国の状況に応じて雇用やGDPに占める産業セクターの割合を大幅に増やす。後発開発途上国ではその割合を倍にする。

9.3 より多くの小規模製造業やその他の企業が、特に開発途上国で、利用しやすい融資などの金融サービスを受けることができ、バリューチェーン（※10）や市場に組み込まれるようにする。

9.4 2030年までに、インフラを改良し持続可能な産業につくり変える。そのために、すべての国々が自国の能力に応じた取り組みを行いながら、資源利用効率の向上とクリーンで環境に配慮した技術・産業プロセスの導入を拡大する。

9.5 2030年までに、開発途上国をはじめとするすべての国々で

目標8.　すべての人々にとって、持続的でだれも排除しない持続可能な経済成長、完全かつ生産的な雇用、働きがいのある人間らしい仕事（ディーセント・ワーク）を促進する

8.1　各国の状況に応じて、一人あたりの経済成長率を持続させ、特に後発開発途上国では少なくとも年率7％のGDP成長率を保つ。

8.2　高付加価値セクターや労働集約型セクターに重点を置くことなどにより、多様化や技術向上、イノベーションを通じて、より高いレベルの経済生産性を達成する。

8.3　生産的な活動、働きがいのある人間らしい職の創出、起業家精神、創造性やイノベーションを支援する開発重視型の政策を推進し、金融サービスの利用などを通じて中小零細企業の設立や成長を促す。

8.4　2030年までに、消費と生産における世界の資源効率を着実に改善し、先進国主導のもと、「持続可能な消費と生産に関する10カ年計画枠組み」に従って、経済成長が環境悪化につながらないようにする。

8.5　2030年までに、若者や障害者を含むすべての女性と男性にとって、完全かつ生産的な雇用と働きがいのある人間らしい仕事（ディーセント・ワーク）を実現し、同一労働同一賃金を達成する。

8.6　2020年までに、就労、就学、職業訓練のいずれも行っていない若者の割合を大幅に減らす。

8.7　強制労働を完全になくし、現代的奴隷制と人身売買を終わらせ、子ども兵士の募集・使用を含めた、最悪な形態の児童労働を確実に禁止・撤廃するための効果的な措置をただちに実施し、2025年までにあらゆる形態の児童労働をなくす。

8.8　移住労働者、特に女性の移住労働者や不安定な雇用状態にある人々を含め、すべての労働者を対象に、労働基本権を保護し安全・安心な労働環境を促進する。

8.9　2030年までに、雇用創出や各地の文化振興・産品販促につ

6.5　2030年までに、必要に応じて国境を越えた協力などを通じ、あらゆるレベルでの統合水資源管理を実施する。
6.6　2020年までに、山地、森林、湿地、河川、帯水層、湖沼を含めて、水系生態系の保護・回復を行う。
6.a　2030年までに、集水、海水の淡水化、効率的な水利用、排水処理、再生利用や再利用の技術を含め、水・衛生分野の活動や計画において、開発途上国に対する国際協力と能力構築の支援を拡大する。
6.b　水・衛生管理の向上に地域コミュニティが関わることを支援し強化する。

目標 7.　すべての人々が、手頃な価格で信頼性の高い持続可能で現代的なエネルギーを利用できるようにする

7.1　2030年までに、手頃な価格で信頼性の高い現代的なエネルギーサービスをすべての人々が利用できるようにする。
7.2　2030年までに、世界のエネルギーミックス(※9)における再生可能エネルギーの割合を大幅に増やす。
7.3　2030年までに、世界全体のエネルギー効率の改善率を倍増させる。
7.a　2030年までに、再生可能エネルギー、エネルギー効率、先進的でより環境負荷の低い化石燃料技術など、クリーンなエネルギーの研究や技術の利用を進めるための国際協力を強化し、エネルギー関連インフラとクリーンエネルギー技術への投資を促進する。
7.b　2030年までに、各支援プログラムに沿って、開発途上国、特に後発開発途上国や小島嶼開発途上国、内陸開発途上国において、すべての人々に現代的で持続可能なエネルギーサービスを提供するためのインフラを拡大し、技術を向上させる。

いて、完全で効果的な女性の参画と平等なリーダーシップの機会を確保する。

5.6　国際人口開発会議（ICPD）の行動計画と、北京行動綱領およびその検証会議の成果文書への合意にもとづき、性と生殖に関する健康と権利をだれもが手に入れられるようにする。

5.a　女性が経済的資源に対する平等の権利を得るとともに、土地・その他の財産、金融サービス、相続財産、天然資源を所有・管理できるよう、各国法にもとづき改革を行う。

5.b　女性のエンパワーメント（※8）を促進するため、実現技術、特に情報通信技術（ICT）の活用を強化する。

5.c　ジェンダー平等の促進と、すべての女性・少女のあらゆるレベルにおけるエンパワーメントのため、適正な政策や拘束力のある法律を導入し強化する。

目標 6.　すべての人々が水と衛生施設を利用できるようにし、持続可能な水・衛生管理を確実にする

6.1　2030年までに、すべての人々が等しく、安全で入手可能な価格の飲料水を利用できるようにする。

6.2　2030年までに、女性や少女、状況の変化の影響を受けやすい人々のニーズに特に注意を向けながら、すべての人々が適切・公平に下水施設・衛生施設を利用できるようにし、屋外での排泄をなくす。

6.3　2030年までに、汚染を減らし、投棄をなくし、有害な化学物質や危険物の放出を最小化し、未処理の排水の割合を半減させ、再生利用と安全な再利用を世界中で大幅に増やすことによって、水質を改善する。

6.4　2030年までに、水不足に対処し、水不足の影響を受ける人々の数を大幅に減らすために、あらゆるセクターで水の利用効率を大幅に改善し、淡水の持続可能な採取・供給を確実にする。

発のための教育と、持続可能なライフスタイル、人権、ジェンダー平等、平和と非暴力文化の推進、グローバル・シチズンシップ（＝地球市民の精神）、文化多様性の尊重、持続可能な開発に文化が貢献することの価値認識、などの教育を通して、持続可能な開発を促進するために必要な知識とスキルを確実に習得できるようにする。

4.a 子どもや障害のある人々、ジェンダーに配慮の行き届いた教育施設を建設・改良し、すべての人々にとって安全で、暴力がなく、だれもが利用できる、効果的な学習環境を提供する。

4.b 2020年までに、先進国やその他の開発途上国で、職業訓練、情報通信技術（ICT）、技術・工学・科学プログラムなどを含む高等教育を受けるための、開発途上国、特に後発開発途上国や小島嶼開発途上国、アフリカ諸国を対象とした奨学金の件数を全世界で大幅に増やす。

4.c 2030年までに、開発途上国、特に後発開発途上国や小島嶼開発途上国における教員養成のための国際協力などを通じて、資格をもつ教員の数を大幅に増やす。

目標5. ジェンダー平等を達成し、すべての女性・少女のエンパワーメントを行う

5.1 あらゆる場所で、すべての女性・少女に対するあらゆる形態の差別をなくす。

5.2 人身売買や性的・その他の搾取を含め、公的・私的な場で、すべての女性・少女に対するあらゆる形態の暴力をなくす。

5.3 児童婚、早期結婚、強制結婚、女性性器切除など、あらゆる有害な慣行をなくす。

5.4 公共サービス、インフラ、社会保障政策の提供や、各国の状況に応じた世帯・家族内での責任分担を通じて、無報酬の育児・介護や家事労働を認識し評価する。

5.5 政治、経済、公共の場でのあらゆるレベルの意思決定にお

るために「TRIPS協定」の柔軟性に関する規定を最大限に行使する開発途上国の権利を認めるものである。

3.c　開発途上国、特に後発開発途上国や小島嶼開発途上国で、保健財政や、保健人材の採用、能力開発、訓練、定着を大幅に拡大する。

3.d　すべての国々、特に開発途上国で、国内および世界で発生する健康リスクの早期警告やリスク軽減・管理のための能力を強化する。

目標4.　すべての人々に、だれもが受けられる公平で質の高い教育を提供し、生涯学習の機会を促進する

4.1　2030年までに、すべての少女と少年が、適切で効果的な学習成果をもたらす、無償かつ公正で質の高い初等教育・中等教育を修了できるようにする。

4.2　2030年までに、すべての少女と少年が、初等教育を受ける準備が整うよう、乳幼児向けの質の高い発達支援やケア、就学前教育を受けられるようにする。

4.3　2030年までに、すべての女性と男性が、手頃な価格で質の高い技術教育や職業教育、そして大学を含む高等教育を平等に受けられるようにする。

4.4　2030年までに、就職や働きがいのある人間らしい仕事、起業に必要な、技術的・職業的スキルなどの技能をもつ若者と成人の数を大幅に増やす。

4.5　2030年までに、教育におけるジェンダー格差をなくし、障害者、先住民、状況の変化の影響を受けやすい子どもなど、社会的弱者があらゆるレベルの教育や職業訓練を平等に受けられるようにする。

4.6　2030年までに、すべての若者と大多数の成人が、男女ともに、読み書き能力と基本的な計算能力を身につけられるようにする。

4.7　2030年までに、すべての学習者が、とりわけ持続可能な開

70人未満にまで下げる。

3.2　2030年までに、すべての国々が、新生児の死亡率を出生1000人あたり12人以下に、5歳未満児の死亡率を出生1000人あたり25人以下に下げることを目指し、新生児と5歳未満児の防ぐことができる死亡をなくす。

3.3　2030年までに、エイズ、結核、マラリア、顧みられない熱帯病（※6）といった感染症を根絶し、肝炎、水系感染症、その他の感染症に立ち向かう。

3.4　2030年までに、非感染性疾患による早期死亡率を予防や治療により3分の1減らし、心の健康と福祉を推進する。

3.5　麻薬・薬物乱用や有害なアルコール摂取の防止や治療を強化する。

3.6　2020年までに、世界の道路交通事故による死傷者の数を半分に減らす。

3.7　2030年までに、家族計画や情報・教育を含む性と生殖に関する保健サービスをすべての人々が確実に利用できるようにし、性と生殖に関する健康（リプロダクティブ・ヘルス）を国家戦略・計画に確実に組み入れる。

3.8　すべての人々が、経済的リスクに対する保護、質が高く不可欠な保健サービスや、安全・効果的で質が高く安価な必須医薬品やワクチンを利用できるようになることを含む、ユニバーサル・ヘルス・カバレッジ（UHC）（※7）を達成する。

3.9　2030年までに、有害化学物質や大気・水質・土壌の汚染による死亡や疾病の数を大幅に減らす。

3.a　すべての国々で適切に、たばこの規制に関する世界保健機関枠組条約の実施を強化する。

3.b　おもに開発途上国に影響を及ぼす感染性や非感染性疾患のワクチンや医薬品の研究開発を支援する。また、「TRIPS協定（知的所有権の貿易関連の側面に関する協定）と公衆の健康に関するドーハ宣言」に従い、安価な必須医薬品やワクチンが利用できるようにする。同宣言は、公衆衛生を保護し、特にすべての人々が医薬品を利用できるようにす

金融サービス、市場、高付加価値化や農業以外の就業の機会に確実・平等にアクセスできるようにすることなどにより、小規模食料生産者、特に女性や先住民、家族経営の農家・牧畜家・漁家の生産性と所得を倍増させる。

2.4　2030年までに、持続可能な食料生産システムを確立し、レジリエントな農業を実践する。そのような農業は、生産性の向上や生産量の増大、生態系の維持につながり、気候変動や異常気象、干ばつ、洪水やその他の災害への適応能力を向上させ、着実に土地と土壌の質を改善する。

2.5　2020年までに、国、地域、国際レベルで適正に管理・多様化された種子・植物バンクなどを通じて、種子、栽培植物、家畜やその近縁野生種の遺伝的多様性を維持し、国際的合意にもとづき、遺伝資源やそれに関連する伝統的な知識の利用と、利用から生じる利益の公正・公平な配分を促進する。

2.a　開発途上国、特に後発開発途上国の農業生産能力を高めるため、国際協力の強化などを通じて、農村インフラ、農業研究・普及サービス、技術開発、植物・家畜の遺伝子バンクへの投資を拡大する。

2.b　ドーハ開発ラウンド（※4）の決議に従い、あらゆる形態の農産物輸出補助金と、同等の効果がある輸出措置を並行して撤廃することなどを通じて、世界の農産物市場における貿易制限やひずみを是正・防止する。

2.c　食料価格の極端な変動に歯止めをかけるため、食品市場やデリバティブ（※5）市場が適正に機能するように対策を取り、食料備蓄などの市場情報がタイムリーに入手できるようにする。

目標3.　あらゆる年齢のすべての人々の健康的な生活を確実にし、福祉を推進する

3.1　2030年までに、世界の妊産婦の死亡率を出生10万人あたり

層や弱い立場にある人々に対し十分な保護を達成する。

1.4　2030年までに、すべての男女、特に貧困層や弱い立場にある人々が、経済的資源に対する平等の権利がもてるようにするとともに、基礎的サービス、土地やその他の財産に対する所有権と管理権限、相続財産、天然資源、適正な新技術(※2)、マイクロファイナンスを含む金融サービスが利用できるようにする。

1.5　2030年までに、貧困層や状況の変化の影響を受けやすい人々のレジリエンス(※3)を高め、極端な気候現象やその他の経済、社会、環境的な打撃や災難に見舞われたり被害を受けたりする危険度を小さくする。

1.a　あらゆる面での貧困を終わらせるための計画や政策の実施を目指して、開発途上国、特に後発開発途上国に対して適切で予測可能な手段を提供するため、開発協力の強化などを通じ、さまざまな供給源から相当量の資源を確実に動員する。

1.b　貧困をなくす取り組みへの投資拡大を支援するため、貧困層やジェンダーを十分勘案した開発戦略にもとづく適正な政策枠組みを、国、地域、国際レベルでつくりだす。

目標2. 飢餓を終わらせ、食料の安定確保と栄養状態の改善を実現し、持続可能な農業を促進する

2.1　2030年までに、飢餓をなくし、すべての人々、特に貧困層や乳幼児を含む状況の変化の影響を受けやすい人々が、安全で栄養のある十分な食料を一年を通して得られるようにする。

2.2　2030年までに、あらゆる形態の栄養不良を解消し、成長期の女子、妊婦・授乳婦、高齢者の栄養ニーズに対処する。2025年までに5歳未満の子どもの発育阻害や消耗性疾患について国際的に合意した目標を達成する。

2.3　2030年までに、土地、その他の生産資源や投入財、知識、

歓迎する、また一方で、それらのプロセスの独自性も尊重する。我々は、本アジェンダ及びその実施が、他のプロセスやそこでの決定に対しこれに貢献することはあっても侵害することのないようにする。

59.（各国の差別化）我々は、持続可能な開発の達成に向け、それぞれの国が置かれた状況及び優先事項に基づき各々に違ったアプローチ、ビジョン、モデルや利用可能な手段が変わってくることを認識する。そして、我々は、地球という惑星及びその生態系が我々の故郷であり、「母なる地球」が多くの国及び地域において共通した表現であるということを再確認する。

SDGsとターゲット新訳

注：以下は「SDGsとターゲット新訳」制作委員会（委員長：蟹江憲史、副委員長：川廷昌弘）が制作した新訳である。制作委員会の詳細は、慶應義塾大学SFC研究所xSDG・ラボのウェブサイト（https://xsdg.jp/）を参照のこと。

目標1.　あらゆる場所で、あらゆる形態の貧困を終わらせる

1.1　2030年までに、現在のところ1日1.25ドル未満で生活する人々と定められている、極度の貧困（※1）をあらゆる場所で終わらせる。

1.2　2030年までに、各国で定められたあらゆる面で貧困状態にある全年齢の男女・子どもの割合を少なくとも半減させる。

1.3　すべての人々に対し、最低限の生活水準の達成を含む適切な社会保護制度や対策を各国で実施し、2030年までに貧困

55. （各国の状況を踏まえた差別化）持続可能な開発目標（SDGs）とターゲットは、各国の置かれたそれぞれの現状、能力、発展段階、政策や優先課題を踏まえつつ、一体のもので分割できないものである。また、地球規模且つすべての国に対応が求められる性質のものである。ターゲットは、地球規模レベルでの目標を踏まえつつ、各国の置かれた状況を念頭に、各国政府が定めるものとなる。また、各々の政府は、これらの高い目標を掲げるグローバルなターゲットを具体的な国家計画プロセスや政策、戦略に反映していくことが想定されている。持続可能な開発が経済、社会、環境分野の進行中のプロセスとリンクしていることをよく踏まえておくことが重要である。

56. （特別な課題を持つ国々）これらの目標とターゲットを決定するに当たって、我々は各国が持続可能な開発を達成するために特有の課題に直面していることを認識し、最も脆弱な国々、特にアフリカ諸国、後発開発途上国、内陸開発途上国、小島嶼開発途上国が直面している特別な課題とともに、中所得国が直面している特有の課題を強調する。また、紛争下にある国々も特別な配慮を必要としている。

57. （データ収集のための能力構築）我々は、いくつかのターゲットについては、基準データが入手困難であるということを認識し、まだ確立されていない国及び地球規模レベルの基準データを整備するための加盟国レベルでの能力構築及びデータ収集強化の支援を強く求める。我々は、以下のターゲットの内、特に明確な数値目標が掲げられていないものについて、その進捗をより的確に把握するために適切な対応をとることにコミットする。

58. （他のプロセスとの関係）我々のアジェンダの実施の妨げとなり得る課題に関する他のフォーラムでの各国の取り組みを

51. （新アジェンダの歴史的意義）今日我々が宣言するものは、向こう15年間の地球規模の行動のアジェンダであるが、これは21世紀における人間と地球の憲章である。子どもたち、若人たちは、変化のための重要な主体であり、彼らはこの目標に、行動のための無限の能力を、また、よりよい世界の創設にむける土台を見いだすであろう。

52. （人々を中心に据えたアジェンダ）「われら人民は」というのは国連憲章の冒頭の言葉である。今日2030年への道を歩き出すのはこの「われら人民」である。我々の旅路は、政府、国会、国連システム、国際機関、地方政府、先住民、市民社会、ビジネス・民間セクター、科学者・学会、そしてすべての人々を取り込んでいくものである。数百万の人々がすでにこのアジェンダに関与し、我が物としている。これは、人々の、人々による、人々のためのアジェンダであり、そのことこそが、このアジェンダを成功に導くと信じる。

53. （結語）人類と地球の未来は我々の手の中にある。そしてまた、それは未来の世代にたいまつを受け渡す今日の若い世代の手の中にもある。持続可能な開発への道を我々は記した。その道のりが成功し、その収穫が後戻りしないことを確かなものにすることは、我々すべてのためになるのである。

持続可能な開発目標（SDGs）とターゲット

54. （SDGs公開作業部会報告書）包摂的な政府間交渉プロセスを経て、且つ持続可能な開発に関する公開作業部会の提案（その中には同提案の背景を説明するシャポー*を含む）を踏まえ、下記の事項が、我々が合意した目標とターゲットである。

* A68/970　'Report of the Open Working Group of the General Assembly on Sustainable Development Goals' を参照（同じくA 68/970 Add.1も参照されたい）

ーアップとレビューを行う。また、国連総会及び経済社会理事会の下で開催される「ハイレベル政治フォーラム」が、世界レベルのフォローアップとレビューを監督する主要な役割を持つ。

48. （本件アジェンダを達成するための）指標は、こうした（フォローアップ）活動を支援するために整備される。だれ一人取り残さないよう進捗を測定するためには、高品質で、アクセス可能、時宜を得た細分化されたデータが必要である。このようなデータは、政策決定の鍵となる。現存する報告メカニズムからのデータと情報は、可能な限り活用されるべきである。アフリカ諸国、後発開発途上国、内陸開発途上国、小島嶼開発途上国、中所得国をはじめとする開発途上国における、統計能力の強化のための努力を強化することに我々は合意する。我々は進捗を測定するために、GDP指標を補完する、より包括的な手法を開発することにコミットする。

我々の世界を変える行動の呼びかけ

49. （国連とそれを支える価値観）70年前、以前の世代の指導者たちが集まり、国際連合を作った。彼らは、戦争の灰と分裂から、国連とそれを支える価値、すなわち平和、対話と国際協力を作り上げた。これらの価値の最高の具体化が国連憲章である。

50. （新アジェンダの歴史的意義）今日我々もまた、偉大な歴史的重要性を持つ決定をする。我々は、すべての人々のためによりよい未来を作る決意である。人間らしい尊厳を持ち報われる生活を送り、潜在力を発揮するための機会が否定されている数百万という人々を含むすべての人々を対象とした決意である。我々は、貧困を終わらせることに成功する最初の世代になり得る。同様に、地球を救う機会を持つ最後の世代にもなるかも知れない。我々がこの目的に成功するのであれば2030年の世界はよりよい場所になるであろう。

のコミットメントを改めて確認する。

44. （国際金融機関の役割）我々は、国際金融機関が、特に開発途上国に対し、それぞれの委任された権限及び各々の国の政策スペースに従って支援を行う重要性を認める。我々は、国際的な経済上の決定や国際的な経済面のガバナンスや規範に関する意思決定において、アフリカ諸国、後発開発途上国、内陸開発途上国、小島嶼開発途上国、中所得国も含む開発途上国の声と参入を普及し強化することにコミットする。

45. （国会議員、政府、公的機関の役割）我々は、新アジェンダのために必要とされる予算の可決と我々のコミットメントの効果的な実施に関する説明責任を確実なものとするために、国会議員が果たす不可欠な役割についても認識している。また、政府と公共団体は、地方政府、地域組織、国際機関、学究組織、慈善団体、ボランティア団体、その他の団体と密接に実施に取り組む。

46. （経済社会理事会、国連開発システム）我々は、SDGsと持続可能な開発の達成を支援するために、十分に資源に恵まれ、適切に、首尾一貫した、有効で効果的な国連システムが有する重要な役割を強調する。国レベルでのより強化されたオーナーシップ及びリーダーシップの重要性を強調する一方で、我々は、本アジェンダの文脈における経済社会理事会での「国連開発システムの長期的ポジショニングに関する対話」を支持する。

フォローアップとレビュー

47. 次の15年に向けた目標とターゲットを実行する進歩に関し、各国政府が、国、地域、世界レベルでのフォローアップとレビューの第一義的な責任を有する。国民への説明責任を果たすため、我々は、本アジェンダ及びアディスアベバ行動目標に記されているとおり様々なレベルにおける体系的なフォロ

41. （国家、民間セクターの役割）我々は、それぞれの国が自国の経済・社会発展のための第一義的な責任を有するということを認識する。新アジェンダは、その目標とターゲットの実施に必要とされる手段も含んでいる。これらの実施手段は財政的なリソースの動員をはじめとして、相互に同意された譲許的優遇的な条件で開発途上国に対し行われる環境に優しい技術の移転、能力構築を含むものであることを認める。国内及び国際社会による公的資金は、不可欠なサービスと公共財の供給及び他の資金源を呼び込む上できわめて重要な役割を果たす。我々は、小規模企業から多国籍企業、協同組合、市民社会組織や慈善団体等、多岐にわたる民間部門が新アジェンダの実施における役割を有することを認知する。

42. （各種行動計画、アフリカ関連イニシアティブ、紛争）我々は、「イスタンブール宣言及び行動計画」、「サモア・パスウェー（SAMOA pathway）」、「ウィーン行動計画」等の関連ある戦略及びプログラムの実施を支持する。また、新アジェンダにおいて不可欠であるアフリカ連合の「2063アジェンダ」と「アフリカ開発のための新パートナーシップ（NEPAD）」のプログラムを支持することの重要性を再確認する。我々は、紛争下や紛争後の国々が永続的な平和と持続可能な開発を達成するための大きな課題を有していることを認識する。

43. （ODAの役割、コミットメントの再確認）我々は、国際的な公的資金が、国内、とりわけ限られた国内資源しかない最貧国や脆弱な国において、公的資源を国内的に動員するための取り組みを補完する上で重要な役割を果たすということを強調する。ODAを含む国際的な公的資金の重要な活用は、公的及び民間の他の資源からの追加的な資源を動員する触媒となるものである。ODA供与国は、開発途上国に対するODAをGNI（国民総所得）比0.7%に、後発開発途上国に対するODAをGNI比0.15~0.2%にするという目標を達成するとの多くの先進国によるコミットメントを含め、それぞれ

な鍵となるものである。我々は、スポーツが寛容性と尊厳を促進することによる、開発及び平和への寄与、また、健康、教育、社会包摂的目標への貢献と同様、女性や若者、個人やコミュニティの能力強化に寄与することを認識する。

38. （領土保全及び政治的独立）我々は、国連憲章に従って、国の領土保全及び政治的独立が尊重される必要があることを再確認する。

実施手段

39. 新アジェンダの規模と野心は、その実施を確保するために活性化された「グローバル・パートナーシップ」を必要とする。我々は、全面的にこれにコミットする。このパートナーシップは、世界的連帯、特に、貧しい人々や脆弱な状況下にある人々に対する連帯の精神の下で機能する。それは、政府や民間セクター、市民社会、国連機関、その他の主体及び動員可能なあらゆる資源を動員してすべての目標とターゲットの実施のために地球規模レベルでの集中的な取り組みを促進する。

40. （実施手段、アディスアベバ行動目標との関係）目標17とそれぞれのSDG下における実施手段は、我々のアジェンダを実現する鍵であり、その他の目標とターゲットの重要さに匹敵する。SDGsを含むアジェンダは、持続可能な開発のための活性化されたグローバル・パートナーシップの枠組みの下で実現され、2015年7月13～16日、アディスアベバで開催された第3回開発資金国際会議成果文書に記載されている具体的な政策と行動によって支えられる。我々は、持続可能な開発のための2030アジェンダの不可欠な部分であるアディスアベバ行動目標が国連総会において支持されたことを歓迎する。我々は、アディスアベバ行動目標の十分な実施は、持続可能な開発の目標とターゲットの実現に不可欠であることを認める。

健康と環境に有害な化学物質の負のインパクトを減らす。こうして、我々は、地球気候システムに対する都市の影響を最小化するよう努力する。また、我々は、国家・農村・都市の開発計画を策定する際に、人口動態と将来推計を踏まえて検討を行う。我々は、エクアドルの首都キトで開催が予定されている「人間居住と持続可能な都市開発に関する国連会議」に期待している。

35. （平和と安全）持続可能な開発は、平和と安全なくしては実現できない。同時に、平和と安全は、持続可能な開発なくしては危機に瀕するだろう。新アジェンダは、司法への平等なアクセスを提供し、（発展の権利を含む）人権の尊重、効果的な法の支配及びすべてのレベルでのグッド・ガバナンス並びに透明、効果的かつ責任ある制度に基礎をおいた平和で、公正かつ、包摂的な社会を構築する必要性を認める。新アジェンダにおいては、不平等さ、腐敗、貧弱な統治、不正な資金や武器の取引といった暴力、不安及び不正義を引き起こす要因に焦点が当てられている。我々は、平和構築及び国家建設において女性が役割を担うことを確保することも含めて紛争の解決又は予防、及び紛争後の国々の支援のための努力を倍加しなければならない。我々は、経済的・社会的発展及び環境の面でも悪影響を及ぼし続けている植民地下及び外国占領下にある人民の自決の権利の完全な実現への障害を除去するために、国際法に合致する更なる効果的な手段と行動を求める。

36. （文化）我々は、文化間の理解、寛容、相互尊重、グローバル・シチズンシップとしての倫理、共同の責任を促進することを約束する。我々は、世界の自然と文化の多様性を認め、すべての文化・文明は持続可能な開発に貢献するばかりでなく、重要な成功への鍵であると認識する。

37. （スポーツ）スポーツもまた、持続可能な開発における重要に関する締約国の緩和約束の総体的効果と、世界の平均気温の上昇を産業革命以前と比べて２又は1.5℃以内に抑える可能性が高い総体的な排出の道筋との間に大きな隔たりがあることについて深刻な懸念をもって留意する。

32. （気候変動）12月のパリにおける第21回締約国会合を見据え、我々は、野心的で世界共通の気候合意にむけて取り組むというすべての国のコミットメントを強調する。我々は、気候変動枠組条約の下ですべての締約国に適用される議定書、他の法的文書又は法的効力を有する合意成果は、均衡のとれた態様、とりわけ、緩和、適応、資金、技術開発・移転、能力構築、行動と支援に関する透明性等を扱うものとすることを再度確認する。

33. （天然資源、海洋、生物多様性等）我々は、社会的・経済的発展の鍵は、地球の天然資源の持続可能な管理にあると認識している。よって我々は、大洋、海、湖の他、森林や山、陸地を保存し、持続的に使用すること及び生物多様性、生態系、野生動物を保護することを決意する。また、我々は、持続可能な観光事業、水不足・水質汚染への取り組みを促進し、砂漠化、砂塵嵐、浸食作用、干ばつ対策を強化し、強靭性（レジリエンス）の構築と災害のリスク削減にむけた取り組みを強化する。この観点から我々は、2016年にメキシコで開催される生物多様性条約第13回締約国会議に期待を寄せている。

34. （都市発展、化学物質等）我々は、持続可能な都市開発とその管理は、我々の国民の生活の質を確保する上で欠くことができないことであるということを認識する。我々は、地域社会のつながりと安全の確保の他、イノベーションと雇用を促進するための都市や人間の居住地の更新、計画を実施するために地方政府やコミュニティと協働する。我々は、化学物質の環境上適正な管理と安全な使用、廃棄物の削減と再生利用、水とエネルギーのより有効な活用等を通じ、都市活動や人の支援等を通じてより持続可能な消費・生産パターンへの移行に貢献しなければならない。我々は、「持続可能な消費と生産に関する10年計画枠組み」の実施を促進する。開発途上国の発展と能力を踏まえつつ、先進国のリードの下で、すべての国々が実行をする。

29. （移民）我々は、包括的成長と持続可能な開発に対する移民の積極的な貢献を認識している。また、他国への移住は、送出、通過、目的地となる各々の国の発展に大きく関連している多面的な実態の現実であり、首尾一貫した包括的な対応を必要とするということを認識する。我々は、移民に対し、その地位、難民及び避難民を問わず、人権の尊重や人道的な扱いを含む安全で秩序立った正規の移住のための協力を国際的に行う。このような協力は、特に開発途上国において難民を受け入れているコミュニティの強靭性（レジリエンス）を強化することにも注力すべきである。我々は、移民が市民権のある国へ帰国するための移民の権利を強調し、国家は帰国する自国民が正当に受け入れられることを保障しなければならないということを想起する。

30. （一方的経済措置の禁止）各国は、特に開発途上国において経済及び社会の発展を阻害し、国際法と国連憲章に合致しないような一方的経済・財政・貿易措置の公布及び適用を行うことを慎むよう強く求められている。

31. （気候変動）我々は、気候変動枠組条約が、気候変動に対する地球規模の対応を交渉するための主要な国際的、政府間フォーラムであるということを認める。我々は、気候変動や環境破壊によって引き起こされた脅威に対し断固として取り組む決意である。地球規模の気候変動の特徴を踏まえ、世界の温室効果ガス排出削減を加速し、気候変動による負の影響に対する適応を促進するための可能な限り広い国際協力が求められる。我々は、2020年までの世界の年間温室効果ガス排出取り組む。我々は、開発途上国においてはびこる薬剤耐性や対応されていない病気に関する問題への取り組みを含め、マラリア、HIV／エイズ、結核、肝炎、エボラ出血熱及びその他の感染病や伝染病に対して示された進歩の速度を等しく加速する。我々は、持続可能な開発に対する大きな挑戦の一つとなっている行動・発達・神経学的障害を含む非感染性疾患の予防や治療に取り組む。

27. （経済基盤）我々は、すべての国のために強固な経済基盤を構築するよう努める。包摂的で持続可能な経済成長の継続は、繁栄のために不可欠である。これは、富の共有や不平等な収入への対処を通じて可能となる。我々は、すべての人々のための働きがいのある人間らしい仕事をはじめとして若者の雇用促進、女性の経済的能力強化の促進を通じダイナミックかつ持続可能な革新、人間中心の経済構築を目指す。我々は、強制労働や人身取引及びすべての形態の児童労働を根絶する。すべての国々は、生産性と職務を達成するために必要とされる知識や技能、社会に参入できる能力を備えた、健全で優れた教育を受けた労働人口を有する立場にある。我々は、後発開発途上国のあらゆるセクターにおける生産性向上のために構造改革を含む取り組みを行う。我々は、生産能力・生産性・生産雇用の増大、金融包摂、持続可能な農業・畜産・漁業開発、持続可能な工業開発、手頃で信頼できる持続可能な近代的エネルギー供給へのユニバーサルなアクセス、持続可能な輸送システム、質の高い強靭（レジリエント）なインフラにおいて、生産能力、生産性、生産雇用を増大させる政策を採用する。

28. （持続可能な消費・生産）我々は、社会における生産や消費、サービスのあり方について根本的な変革をすることにコミットする。政府、国際機関、企業、その他の非政府主体や個人は、開発途上国における持続可能な消費と生産を促進するための科学、技術、革新能力を獲得するための財政的、技術的ることを含む、すべての形態の貧困の終結にコミットする。すべての人々は社会保護制度を通じて基礎的な生活水準を享受するべきである。また我々は、優先事項として飢餓を撲滅し、食料安全保障を実現するとともに、あらゆる形態の栄養不良を解消することを決意する。この観点から、我々は世界食料安全保障委員会の重要な役割と包摂的な性格を再確認するとともに「栄養に関するローマ宣言」及び「行動枠組」を歓迎する。我々は開発途上国、特に後発開発途上国における小自作農や女性の農民、遊牧民、漁業民への支援を通じて農村開発及び持続可能な農業・漁業発展のために資源を注ぎ込む。

25. （教育）我々は就学前から初等、中等、高等、技術、職業訓練等のすべてのレベルにおける包摂的で公正な質の高い教育を提供することにコミットする。性、年齢、人種、民族に関係なくすべての人々が、また障害者、移民、先住民、子ども、青年、脆弱な状況下にある人々が社会への十全な参加の機会を確保するために必要とされる技能や知識を獲得するための生涯学習の機会を有するべきである。安全な学校及び結束力のある地域社会や家族等を通じ、国が人口ボーナスを享受できるようにすることにより、我々は、子どもや若者に彼らの権利と能力を完全に実現するための育成環境を提供するよう努める。

26. （保健UHC）身体的及び精神的な健康と福祉の増進並びにすべての人々の寿命の延長のために、我々はユニバーサル・ヘルス・カバレッジ（UHC）と質の高い保健医療へのアクセスを達成しなければならない。だれ一人として取り残されてはならない。我々は、2030年までにこのような防ぐことのできる死をなくすことによって、新生児、子ども、妊産婦の死亡を削減するために今日までに実現した進歩を加速することを約束する。家族計画、情報、教育を含む、性と生殖に関するサービスへの普遍的なアクセスを確保することに全力でなアジェンダの実施において、ジェンダーの視点をシステマティックに主流化していくことは不可欠である。

21. （差別化）新たな目標とターゲットは2016年１月から効力を持ち、向こう15年間における我々の決定をガイドする。我々は、各国の各々の現実、能力、開発段階、政策、優先課題を考慮に入れながら、国、地域、グローバル・レベルで新目標を実施する。我々は、関連する国際規範やコミットメントと整合性を維持しつつ、持続的で包摂的かつ持続可能な経済開発を目指していくための各国の政策余地を尊重する。また、我々は持続可能な開発における、地域の側面、地域経済統合及び連結性の重要性をも認識する。地域レベルでの枠組みは、国レベルで持続可能な開発政策の具体的な実施を後押しすることにつながる。

22. （特別な課題を持つ国々）各々の国は、持続可能な開発を実現していく上で特有の課題に直面している。最も脆弱な国々、特にアフリカ諸国、後発開発途上国、内陸開発途上国、小島嶼開発途上国は、紛争下や紛争後国と同様に特別な配慮を必要としている。同様に、多くの中所得国も深刻な課題を抱えている。

23. （脆弱な人々）脆弱な人々は能力強化がされなければならない。新アジェンダに反映されている脆弱な人々とは、子ども、若者、障害者（その内80％以上が貧困下にある）、HIV／エイズと共に生きる人々、高齢者、先住民、難民、国内避難民、移民を含む。また、我々は複合的な人道危機の影響を受けた地域に住む人々及びテロの影響を受けた人々が直面する困難や苦難を取り除き、脆弱な人々の特別なニーズに対する支援を強化すべく、国際法に照らしながら、更なる有効な措置及び行動をとる。

24. （食料安全保障）我々は、2030年までに極度の貧困を撲滅する。このような広範でユニバーサルな政策目標について、世界の指導者が共通の行動と努力を表明したことは未だかつてなかった。持続可能な開発に向けた道を進むにあたって、すべての国や地域に進展をもたらすウィン・ウィンの協力と地球規模の開発のために我々が一丸となって身を費やすことを決めた。すべての国はその固有の財産、自然資源及び経済活動に対して恒久の主権を有しており、またその権利を自由に行使することを確認する。我々は現在及び将来の世代の益のためのこのアジェンダを実施する。そのために、我々は国際法に対するコミットメントを確認するとともに、新たな開発目標は、国際法の下での権利と義務に整合する形で実施することを確認する。

19. （人権）我々は、世界人権宣言及びその他の人権に関する国際文書並びに国際法の重要性を確認する。我々は、すべての国が国連憲章に則り、人種、肌の色、性別、言語、宗教、政治若しくは信条、国籍若しくは社会的出自、貧富、出生、障害等の違いに関係なく、すべての人の人権と基本的な自由の尊重、保護及び促進責任を有することを強調する。

20. （ジェンダー）ジェンダー平等の実現と女性・少女の能力強化は、すべての目標とターゲットにおける進展において死活的に重要な貢献をするものである。人類の潜在力の開花と持続可能な開発の達成は、人類の半数に上る女性の権利と機会が否定されている間は達成することができない。女性と少女は、質の高い教育、経済的資源への公平なアクセス、また、あらゆるレベルでの政治参加、雇用、リーダーシップ、意思決定において男性と同等の機会を享受するべきである。我々は、ジェンダー・ギャップを縮めるための投資を顕著に増加するために努力するとともに国、地域及びグローバルの各レベルにおいてジェンダー平等と女性の能力強化を推進する組織への支援を強化する。女性と少女に対するあらゆる形態の暴力は男性及び少年の参加も得てこれを廃絶していく。新た速化させ、情報格差を埋め、知識社会を発展させる大きな潜在力があり、医学やエネルギーのように多様な幅広い分野において科学技術イノベーションが持つ潜在力もまた同様である。

16. （MDGsで残された課題への対応）およそ15年前、ミレニアム開発目標（MDGs）が合意された。これらは、開発のための重要な枠組みを与え、多くの分野で重要な進展が見られた。しかしながら、進展にはばらつきがあり、それはアフリカ、後発開発途上国、内陸開発途上国、小島嶼開発途上国で特にそうである。いくつかの目標、特に母子保健及び性と生殖に関する健康の目標は依然として達成に向けての軌道に乗っていない。我々は、このような外れた目標を含めて、すべてのMDGsの完全な達成に向けて、とりわけ後発開発途上国など重視すべき国に対して焦点を当てて拡大した支援を、適切な支援プログラムに沿って供与することを再度約束する。新アジェンダはミレニアム開発目標を基礎として、ミレニアム開発目標が達成できなかったもの、とりわけ最も脆弱な部分に取り組むことにより、これを完遂することを目指す。

17. （MDGsを超える課題への対応）我々が今日発表する枠組みは、そのスコープにおいてミレニアム開発目標を遥かに越えるものである。貧困撲滅、保健、教育及び食料安全保障と栄養といった継続的な開発分野の優先項目に加えて、この枠組みは、幅広い経済・社会・環境の目的を提示している。また、より平和かつ包摂的な社会も約束している。さらに重要なことは、実施手段も提示している。我々が決定した統合的なアプローチを反映して、新たな目標とターゲットには、深い相互関連性とクロスカッティングな要素がある。

新アジェンダ

18. （総論）本日、我々が発表する17の持続可能な開発目標と169の関連づけられたターゲットは、統合され不可分のものであるために、新たなアプローチが必要である。持続可能な開発が意味するところでは、すべての形態及び側面の貧困撲滅、国内的・国際的不平等との戦い、地球の維持、持続的・包摂的・持続可能な経済成長を作り出すこと、並びに社会的包摂性を生み出すことは、お互いに関連し合っており、相互に依存している。

今日の世界

14. （直面する課題）我々は、持続可能な開発に対する大きな課題に直面している。依然として数十億人の人々が貧困のうちに生活し、尊厳のある生活を送れずにいる。国内的、国際的な不平等は増加している。機会、富及び権力の不均衡は甚だしい。ジェンダー平等は依然として鍵となる課題である。失業、とりわけ若年層の失業は主たる懸念である。地球規模の健康の脅威、より頻繁かつ甚大な自然災害、悪化する紛争、暴力的過激主義、テロリズムと関連する人道危機及び人々の強制的な移動は、過去数十年の開発の進展の多くを後戻りさせる恐れがある。天然資源の減少並びに、砂漠化、干ばつ、土壌悪化、淡水の欠乏及び生物多様性の喪失を含む環境の悪化による影響は、人類が直面する課題を増加し、悪化させる。我々の時代において、気候変動は最大の課題の一つであり、すべての国の持続可能な開発を達成するための能力に悪影響を及ぼす。世界的な気温の上昇、海面上昇、海洋の酸性化及びその他の気候変動の結果は、多くの後発開発途上国、小島嶼開発途上国を含む沿岸地帯及び低地帯の国々に深刻な影響を与えている。多くの国の存続と地球の生物維持システムが存続の危機に瀕している。

15. （チャンス）しかしながら、大きな機会の時でもある。多くの開発の課題に対応するために重要な進展があった。過去の世代において、数百万人の人が極度の貧困から脱した。教育へのアクセスは少年少女いずれに対しても大きく増加した。ICT（情報通信技術）と地球規模の接続性は人間の進歩を加際環境が、持続的で包摂的な経済成長、社会開発、環境保護及び貧困・飢餓撲滅を含めた、持続可能な開発にとってきわめて重要である世界。技術開発とその応用が気候変動に配慮しており、生物多様性を尊重し、強靭（レジリエント）なものである世界。人類が自然と調和し、野生動植物その他の種が保護される世界。

我々の共有する原則と約束

10. （主要原則）新アジェンダは、国際法の尊重を含め、国連憲章の目的と原則によって導かれる。世界人権宣言、国際人権諸条約、ミレニアム宣言及び2005年サミット成果文書にも基礎を置く。また、「発展の権利に関する宣言」などその他の合意も参照される。

11. （関連する主要国連会議）我々は、持続可能な開発のための確固たる基礎を築き、この新アジェンダを形作るのを助けたすべての主要な国連会議及びサミットの成果を再確認する。これらは、「環境と開発に関するリオ宣言」、「持続可能な開発に関する世界首脳会議」、「世界社会開発サミット」、「国際人口開発会議（ICPD）行動計画」、「北京行動綱領」（第4回世界女性会議）、「国連持続可能な開発会議（リオ＋20）」を含む。我々はまた、「第4回後発開発途上国（LDCs）会議」、「第3回小島嶼開発途上国（SIDS）会議」、「第2回内陸開発途上国（LLDCs）会議」及び「第3回国連防災世界会議」を含め、これらの会議のフォローアップを再確認する。

12. （共通だが差異のある責任）我々は、「環境と開発に関するリオ宣言」のすべての原則、とりわけ、その第7原則にあるように共通だが差異ある責任の原則を再確認する。

13. （統合されたアプローチの重要性）これらの主要な会議及びサミットの課題並びにコミットメントは、相互に関連しており、統合された解決が必要である。これらに効果的に対処す

我々のビジョン

7. （目指すべき世界像）これらの目標とターゲットにおいて、我々は最高に野心的かつ変革的なビジョンを設定している。我々は、すべての人生が栄える、貧困、飢餓、病気及び欠乏から自由な世界を思い描く。我々は、恐怖と暴力から自由な世界を思い描く。すべての人が読み書きできる世界。すべてのレベルにおいて質の高い教育、保健医療及び社会保護に公平かつ普遍的にアクセスできる世界。身体的、精神的、社会的福祉が保障される世界。安全な飲料水と衛生に関する人権を再確認し、衛生状態が改善している世界。十分で、安全で、購入可能、また、栄養のある食料がある世界。住居が安全、強靭（レジリエント）かつ持続可能である世界。そして安価な、信頼でき、持続可能なエネルギーにだれもがアクセスできる世界。

8. （目指すべき世界像）我々は、人権、人の尊厳、法の支配、正義、平等及び差別のないことに対して普遍的な尊重がなされる世界を思い描く。人種、民族及び文化的多様性に対して尊重がなされる世界。人間の潜在力を完全に実現し、繁栄を共有することに資することができる平等な機会が与えられる世界。子どもたちに投資し、すべての子どもが暴力及び搾取から解放される世界。すべての女性と少女が完全なジェンダー平等を享受し、その能力強化を阻む法的、社会的、経済的な障害が取り除かれる世界。そして、最も脆弱な人々のニーズが満たされる、公正で、衡平で、寛容で、開かれており、社会的に包摂的な世界。

9. （目指すべき世界像）我々は、すべての国が持続的で、包摂的で、持続可能な経済成長と働きがいのある人間らしい仕事を享受できる世界を思い描く。消費と生産パターン、そして空気、土地、河川、湖、帯水層、海洋といったすべての天然資源の利用が持続可能である世界。民主主義、グッド・ガバナンス、法の支配、そしてまたそれらを可能にする国内・国国内的・国際的な不平等と戦うこと。平和で、公正かつ包摂的な社会をうち立てること。人権を保護しジェンダー平等と女性・少女の能力強化を進めること。地球と天然資源の永続的な保護を確保すること。そしてまた、我々は、持続可能で、包摂的で持続的な経済成長、共有された繁栄及び働きがいのある人間らしい仕事のための条件を、各国の発展段階の違い及び能力の違いを考慮に入れた上で、作り出すことを決意する。

4. （だれ一人取り残さない）この偉大な共同の旅に乗り出すにあたり、我々はだれも取り残されないことを誓う。人々の尊厳は基本的なものであるとの認識の下に、目標とターゲットがすべての国、すべての人々及び社会のすべての部分で満たされることを望む。そして我々は、最も遅れているところに第一に手を伸ばすべく努力する。

5. （新アジェンダの特徴）このアジェンダは前例のない範囲と重要性を持つものである。このアジェンダは、各国の現実、能力及び発展段階の違いを考慮に入れ、かつ各国の政策及び優先度を尊重しつつ、すべての国に受け入れられ、すべての国に適用されるものである。これらは、先進国、開発途上国も同様に含む世界全体の普遍的な目標とターゲットである。これらは、統合され不可分のものであり、持続可能な開発の三側面をバランスするものである。

6. （これまでの経緯）最も貧しく最も脆弱なところからの声に特別な注意を払いながら市民社会及びその他のステークホルダーとの間で行われた２年以上にわたる公開のコンサルテーション及び関与の結果、この目標とターゲットができた。このコンサルテーションは、持続可能な開発に関する公開作業部会及び国連による重要な作業を含むものであり、事務総長は2014年12月に統合報告書を提出している。

を通じてこのアジェンダを実施するに必要とされる手段を動員することを決意する。

持続可能な開発目標の相互関連性及び統合された性質は、この新たなアジェンダ（以後「新アジェンダ」と呼称）の目的が実現されることを確保する上で極めて重要である。もし我々がこのアジェンダのすべての範囲にわたり自らの野心を実現することができれば、すべての人々の生活は大いに改善され、我々の世界はより良いものへと変革されるであろう。

宣言（注：各パラグラフ冒頭のカッコ書きは仮訳用に便宜上付したもの）

導入部

1. 我々、国家元首、政府の長その他の代表は、国連が70周年を迎えるにあたり、2015年9月25日から27日までニューヨークの国連本部で会合し、今日、新たな地球規模の持続可能な開発目標を決定した。

2. （総論）我々の国民に代わり、我々は、包括的、遠大かつ人間中心な一連の普遍的かつ変革的な目標とターゲットにつき、歴史的な決定を行った。我々は、このアジェンダを2030年までに完全に実施するために休みなく取り組むことにコミットする。我々は、極端な貧困を含む、あらゆる形態と様相の貧困を撲滅することが最も大きな地球規模の課題であり、持続可能な開発のための不可欠な必要条件であると認識する。我々は、持続可能な開発を、経済、社会及び環境というその三つの側面において、バランスがとれ統合された形で達成することにコミットしている。我々はまた、ミレニアム開発目標の達成を基にして、その未完の課題に取り組むことを追求する。

3. （取り組むべき課題）我々は、2030年までに以下のことを行うことを決意する。あらゆる貧困と飢餓に終止符を打つこと。

すなわち経済、社会及び環境の三側面を調和させるものである。

これらの目標及びターゲットは、人類及び地球にとり極めて重要な分野で、向こう15年間にわたり、行動を促進するものになろう。

人間

我々は、あらゆる形態及び側面において貧困と飢餓に終止符を打ち、すべての人間が尊厳と平等の下に、そして健康な環境の下に、その持てる潜在能力を発揮することができることを確保することを決意する。

地球

我々は、地球が現在及び将来の世代の需要を支えることができるように、持続可能な消費及び生産、天然資源の持続可能な管理並びに気候変動に関する緊急の行動をとることを含めて、地球を破壊から守ることを決意する。

繁栄

我々は、すべての人間が豊かで満たされた生活を享受することができること、また、経済的、社会的及び技術的な進歩が自然との調和のうちに生じることを確保することを決意する。

平和

我々は、恐怖及び暴力から自由であり、平和的、公正かつ包摂的な社会を育んでいくことを決意する。平和なくしては持続可能な開発はあり得ず、持続可能な開発なくして平和もあり得ない。

パートナーシップ

我々は、強化された地球規模の連帯の精神に基づき、最も貧しく最も脆弱な人々の必要に特別の焦点を当て、すべての国、すべてのステークホルダー及びすべての人の参加を得て、再活性化された「持続可能な開発のためのグローバル・パートナーシップ」

資 料

我々の世界を変革する：
持続可能な開発のための2030アジェンダ［仮訳］

注：外務省 HP（https://www.mofa.go.jp/mofaj/files/000101402.pdf）の「仮訳」をもとに修正を施した。

前文

このアジェンダは、人間、地球及び繁栄のための行動計画である。これはまた、より大きな自由における普遍的な平和の強化を追求するものでもある。我々は、極端な貧困を含む、あらゆる形態と側面の貧困を撲滅することが最大の地球規模の課題であり、持続可能な開発のための不可欠な必要条件であると認識する。

すべての国及びすべてのステークホルダー（組織の利害関係者）は、協同的なパートナーシップの下、この計画を実行する。我々は、人類を貧困の恐怖及び欠乏の専制から解き放ち、地球を癒やし安全にすることを決意している。我々は、世界を持続的かつ強靭（レジリエント）な道筋に移行させるために緊急に必要な、大胆かつ変革的な手段をとることを決意している。我々はこの共同の旅路に乗り出すにあたり、だれ一人取り残さないことを誓う。

今日我々が発表する17の持続可能な開発のための目標（SDGs）と、169のターゲットは、この新しく普遍的なアジェンダの規模と野心を示している。これらの目標とターゲットは、ミレニアム開発目標（MDGs）を基にして、ミレニアム開発目標が達成できなかったものを全うすることを目指すものである。これらは、すべての人々の人権を実現し、ジェンダー平等とすべての女性と少女の能力強化を達成することを目指す。これらの目標及びターゲットは、統合され不可分のものであり、持続可能な開発の三側面、

なお、国連の SDGs のウェブサイトは下記です。
https://www.un.org/sustainabledevelopment/

The content of this publication has not been approved by the United Nations and does not reflect the views of the United Nations or its officials or Member States

国連SDGsウェブサイト
https://www.un.org/sustainabledevelopment/

ラクレとは…la clef=フランス語で「鍵」の意味です。
情報が氾濫するいま、時代を読み解き指針を示す
「知識の鍵」を提供します。

中公新書ラクレ
782

中学入試《ちゅうがくにゅうし》 超良問《ちょうりょうもん》で学《まな》ぶ
ニッポンの課題《かだい》

2022年12月10日発行

編著者……おおたとしまさ
監修者……蟹江憲史《かにえのりちか》・山本《やまもと》 祐《ゆう》

発行者……安部順一
発行所……中央公論新社
〒100-8152 東京都千代田区大手町 1-7-1
電話……販売 03-5299-1730　編集 03-5299-1870
URL https://www.chuko.co.jp/

本文印刷……三晃印刷
カバー印刷……大熊整美堂
製本……小泉製本

Published by CHUOKORON-SHINSHA, INC.
Printed in Japan ISBN978-4-12-150782-2 C1237

中公新書ラクレ　好評既刊

L638 中学受験「必笑法」

おおたとしまさ 著

中学受験に「必勝法」はないが、「必笑法」ならある。第一志望合格かどうかにかかわらず、終わったあとに家族が「やってよかった」と笑顔になれるならその受験は大成功。他人と比べない、がんばりすぎない、子供を潰さない、親も成長できる中学受験のすすめ――。気鋭の育児・教育ジャーナリストであり、心理カウンセラーでもある著者が、中学受験生の親の心に安らぎをもたらす「コロンブスの卵」的発想法を説く。中学受験の「新バイブル」誕生！

L705 女子校礼讃

辛酸なめ子 著

辛酸なめ子が女子校の謎とその魅力にせまる！　あの名門校の秘密の風習や、女子校で生き抜くための処世術、気になる恋愛事情まで、知られざる真実をつまびらかにする。在校生へのインタビューや文化祭等校内イベントへの潜入記も充実した、女子校研究の集大成。読めば女子校育ちは「あるある」と頷き、そうでない人は「そうなの⁉」と驚き、受験生はモチベーションがアップすること間違いなし。令和よ、これが女子校だ！

L765 生き物が老いるということ

――死と長寿の進化論

稲垣栄洋 著

イネにとって老いはまさに米を実らせる、もっとも輝きを持つステージである。人間はどうして実りに目をむけず、いつまでも青々としていようとするのか。実は老いは生物が進化の歴史の中で磨いてきた戦略なのだ。人類はけっして強い生物ではないが、助け合い、そして年寄りの知恵を活かすことによって「長生き」を手に入れたのだ。老化という最強戦略の秘密に迫る。